“一带一路”营商环境法治保障系列 赵旭东 总主编

李建伟 朱晓娟 吴高臣 副总主编

中国税收法律制度

李美云 主编 王一焱 陈钰蕾 副主编

中国民主法制出版社

图书在版编目（CIP）数据

中国税收法律制度/李美云主编．—北京：中国民主法制出版社，2020.1

（“一带一路”营商环境法治保障系列）

ISBN 978-7-5162-2140-2

Ⅰ.①中…　Ⅱ.①李…　Ⅲ.①税收制度—研究—中国　Ⅳ.①F812.422

中国版本图书馆 CIP 数据核字（2019）第 279065 号

图书出品人：刘海涛
出 版 统 筹：乔先彪
责 任 编 辑：逯卫光

书名/中国税收法律制度
ZHONGGUOSHUISHOUFALÜZHIDU
作者/李美云　主　编
王一焱　陈钰蕾　副主编

出版·发行/中国民主法制出版社
地址/北京市丰台区右安门外玉林里 7 号（100069）
电话/（010）63055259（总编室）　63057714（发行部）
传真/（010）63056975　63056983
http：// www.npcpub.com
E-mail：mzfz@npcpub.com
经销/新华书店
开本/16 开　787 毫米 ×960 毫米
印张/13.25　**字数**/189 千字
版本/2020 年 1 月第 1 版　2020 年 1 月第 1 次印刷
印刷/北京天宇万达印刷有限公司

书号/ISBN 978-7-5162-2140-2
定价/46.00 元

◉总序

习近平总书记在2013年提出建设“丝绸之路经济带”和“21世纪海上丝绸之路”的构想，五年多来，在各参与方的共同努力下，“一带一路”倡议从理念转化为行动，从愿景转变为现实，构建起了各自优势互补、彼此互联互通的国际合作平台。

党的十九大报告指出，要以“一带一路”建设为重点，坚持“引进来”和“走出去”并重，加强创新能力开放合作，形成陆海内外联动、东西双向互济的开放格局。同时，党的十九大通过修改的党章明确指出：遵循共商共建共享原则，推进“一带一路”建设。推进“一带一路”建设写入党章，必将为新时代共建“一带一路”，共建人类命运共同体进一步指明方向，注入强劲动力。

随着我国“一带一路”建设的深入推进，营造互信互通的法治营商环境，为投资贸易合作方提供全面周到的法律支持，切实维护中外当事人的合法权益便提上了日程。因此，为了增进“一带一路”建设沿线各国的彼此沟通，积极建立成员方统一认知和公正高效的司法保障体系，切实保障“一带一路”建设成果的不断扩大，我们推出了《“一带一路”营商环境法治保障系列》图书。

本系列图书构建了“一带一路”法治保障服务体系，主要介绍了投资贸易、产业合作、公正司法、纠纷解决、劳工保护等领域的法律制度，从而以保护中外当事人合法权益，维护公平竞争、诚实守信、和谐共赢的区域合作大环境。本系列图书体例科学，通俗易懂，旨在加强中国与“一带一路”沿线国家的“政策沟通”和“法治互信”，通过向国际社会展示我国法律制度的建设成就，以此提升我国法律的国际影响力。

《“一带一路”营商环境法治保障系列》图书作为“一带一路”建设的法治保障参考适用读物，旨在为沿线各国加强法律制度的交流互鉴，旨在全面落实我国“一带一路”建设的任务要求，全面构建“一带一路”建设中的法治保障体系，以便全球共享“一带一路”的建设成果。

赵旭东*
2019 年 8 月

---

* 赵旭东，中国法学会商法学研究会会长，中国政法大学教授。

目录

第一章

税收制度概述

第一节　税法概述

【规则要点】

以职能为分类标准，现行税法可分为程序法和实体法两个部分。其中实体法按照制定主体分类，包括全国人大及其常委会制定的法律、国务院制定的行政法规、国务院部门规章以及地方性法规、自治条例和单行条例。

【理解与适用】

根据税法的职能不同，可以将现行税法分为税收程序法和税收实体法。税收程序法指以国家税收活动中所发生的程序关系为调整对象的税法，是规定国家征税权行使程序和纳税人纳税义务履行程序的法律规范的总称。其内容主要包括税收确定程序、税收征收程序、税收检查程序和税务争议的解决程序。税收实体法是指确定税种立法，具体规定了各个税种所针对的征税对象、征税范围、税率、纳税期限、征税方法等内容，同时体现各种税收优惠政策。

一、税收程序法

中国调整税收制度的具体程序规范主要有全国人大常委会制定的《中华人民共和国税收征收管理法》、国务院制定的《中华人民共和国税收征收管理法实施细则》。另外，《中华人民共和国海关法》及《中华人民共和国进出口关税条例》也属于税收程序法。

二、税收实体法

当前，中国只有个人所得税、企业所得税、车船税、环境保护税、烟叶税、船舶吨税、车辆购置税、耕地占用税等几个税种制定了相应法律，有约30部税收行政法规、约50部税收行政规章和超过5500部税收规范性文件。在实践中，税收规范性文件发挥了重要作用。

1. 全国人大及其常委会制定的法律

在中国，只有全国人大及其常委会才能制定法律。法律的效力仅次于宪法。现行有效的税收法律有：《中华人民共和国个人所得税法》《中华人民共和国企业所得税法》《中华人民共和国车船税法》《中华人民共和国环境保护税法》《中华人民共和国烟叶税法》《中华人民共和国船舶吨税法》《中华人民共和国车辆购置税法》《中华人民共和国耕地占用税法》。

2. 国务院制定的行政法规

在中国，行政法规只能由中华人民共和国国务院制定。国务院根据有关授权决定颁布实施了一系列的税收暂行条例。现行的18个税种中，除个人所得税、企业所得税、车船税、烟叶税、船舶吨税、车辆购置税、耕地占用税由法律规定征收外，增值税、消费税、资源税、城镇土地使用税、土地增值税、房产税、城市维护建设税、印花税、契税、关税10个税种由国务院制定的有关暂行条例规定征收。但根据税收法定原则及全国人大常委会的立法规划，所有的税收暂行条例都将在一定时间内废除，并由全国人大及其常委会制定相应的税收法律。

3. 国务院部门规章

国务院有关部门制定的规范性文件，尤其是财政部、国家税务总局制定的规范性文件，在税收实践中占据重要位置。如《中华人民共和国资源税暂行条例实施细则》《中华人民共和国消费税暂行条例实施细则》《中华人民共和国增值税暂行条例实施细则》《中华人民共和国耕地占用税暂行条例实施细则》《中华人民共和国车船税暂行条例实施细则》《中华人民共和国契税暂行条例细则》《中华人民共和国土地增值税暂行条例实施细则》等。

4. 地方性法规、自治条例和单行条例

根据中国立法法的规定，省、自治区、直辖市的人大及其常委会，根据本行政区域的具体情况和实际需要，在不同宪法、法律、行政法规相抵触的情况下，可以制定地方性税收法规。自治区、自治州、自治县有权依照当地民族的政治、经济和文化特点，制定税收方面的自治条例和单行条例。自治条例和单行条例可对法律、行政法规的规定作出变通规定，但不得违背法律或者行政法规的基本原则。

【风险提示】

海关法只规定征收关税，但具体税收要素由条例规定。

第二节 中国税制发展趋势

【规则要点】

中国税制发展，一个不变的基础是落实税收法定原则。2018 年 8 月 31 日，第十三届全国人大常委会第五次会议表决通过个人所得税法修正案，增加了综合所得概念，同时扩大了减除费用扣除范围。

【理解与适用】

一、落实税收法定原则

税收法定原则是税收立法和税收法律制度的一项基本原则。党的十八届三中全会首次明确提出“落实税收法定原则”；党的十八届四中全会又将制定和完善“财政税收”法律作为“加强重点领域立法”的一项任务。2015 年 3 月 15 日，十二届全国人大三次会议对立法法进行了修订，明确规定“税种的设立、税率的确定和税收征收管理等税收基本制度”只能由全国人大及其常委会制定。

为贯彻落实税收法定原则，确定了以下具体措施：

第一，不再出台新的税收条例；拟新开征的税种，起草相关法律草案，适时提请全国人大常委会审议。

第二，与税制改革相关的税种，将配合税制改革进程，适时将相关税收条例上升为法律，并相应废止有关税收条例。

第三，其他不涉及税制改革的税种，可根据相关工作进展情况和实际需要，按照积极、稳妥、有序、先易后难的原则，将相关税收条例逐步上升为法律。

第四，待全部税收条例上升为法律或废止后，提请全国人民代表大会废止《全国人民代表大会关于授权国务院在经济体制改革和对外开放方面可以制定暂行的规定或者条例的决定》。

二、中国税制改革方案

2014 年 6 月 30 日，中共中央政治局召开会议，审议通过了《深化财税体制改革总体方案》，目标是“建立现代财政制度”，改革重点锁定六大税种，包括增值税、消费税、资源税、环境保护税、房地产税、个人所得税。

需要强调的是，《深化财税体制改革总体方案》对外商特别关注的税收优惠政策提出了明确要求。中国现行税收优惠政策尤其是区域优惠政策过多，已出台实施的区域税收优惠政策约 50 项，几乎囊括了中国所有省（区、市）。还有一些地方政府和财税部门执法不严或者出台“土政策”，通过税收返还等方式变相减免税收，侵蚀税基、转移利润。《深化财税体制改革总体方案》明确：今后，除专门的税收法律、法规外，起草其他法律、法规、发展规划和区域政策都不得突破国家统一财税制度、规定税收优惠政策；未经国务院批准，不能对企业规定财政优惠政策。清理规范各类税收优惠政策，违反法律法规的一律停止执行；没有法律法规障碍且具有推广价值的，尽快在全国范围内实施；有明确时限的到期停止执行，未明确时限的设定政策终结时间点。

2016 年 3 月 16 日，第十二届全国人民代表大会第四次会议批准《中华人民共和国国民经济和社会发展第十三个五年规划纲要》。纲要中提出：围绕解决中央地方事权和支出责任划分、完善地方税体系、增强地方发展能力、减轻企业负担等关键性问题，深化财税体制改革，建立健全现代财税制度；按照优化税制结构、稳定宏观税负、推进依法治税的要求全面落实税收法定原则、建立税种科学、结构优化、法律健全、规范公平、征管高效的现代税收制度，逐步提高直接税比重；全面完成营业税改增值税的改革，建立规范的消费型增值税制度；完善消费税制度；实施资源税从价计征改革，逐步扩大征税范围；清理规范相关行政事业性收费和政府性基金；开征环境保护税；完善地方税体系，推进房地产税立法；完善关税制度；加快建立综合和分类相结合的个人所得税制度。

中国货物和劳务税改革的主要内容是：逐步扩大营业税改征增值税试点，调整消费税的部分税目、税率（税额标准），提高增值税的起征点，简并、降低增值税征收率。

中国所得税改革的主要内容是：修改企业所得税法，允许部分重点行业固定资产加速折旧，减轻小微企业税负，改进个人所得税制度。

中国财产税改革的重点是逐步推进资源税改革。2016 年 5 月 9 日，根据中共中央、国务院的部署，财政部、国家税务总局发出《关于全面推进资源税改革的通知》，自当年 7 月 1 日起实施。改革的主要内容是：扩大资源税征收范围，在河北省开展水资源税改革试点工作，逐步将其他自然资源纳入征收范围；改革矿产资源税计税方法，从价计征为主，从量计征为辅；全面清理涉及矿产资源的收费基金；合理确定资源税税率水平；加强矿产资源税收优惠政策管理，提高资源综合利用效率。

2018 年 8 月 31 日，十三届全国人大常委会第五次会议表决通过个人所得税法修正案，新税法改革主要内容为：

1. 居民个人的综合所得，以每一纳税年度的收入额减除费用 6 万元以及专项扣除、专项附加扣除和依法确定的其他扣除后的余额，为应纳税所得额。

2. 减税向中低收入倾斜，个税的部分税率级距进一步优化调整，扩大 3%、10%、20% 三档低税率的级距，缩小 25% 税率的级距，30%、35%、45% 三档较高税率级距不变。

3. 多项支出可抵税，在扣除基本减除费用标准和“三险一金”等专项扣除外，还增加了专项附加扣除项目。专项附加扣除包括子女教育、继续教育、大病医疗、住房贷款利息，或者住房租金、赡养老人等支出，具体范围、标准和实施步骤由国务院确定，并报全国人大常委会备案。

第二章

商品税法律制度

商品税，国际上通称为商品和劳务税，指以商品包括劳务作为征税对象的税的总称，其计税单位是商品的流转额，即商品在流转过程中的价值额。商品税本质上是典型的间接税，只要商品可以投入销售和流转之中，商品税就可以被转嫁，故商品税的负税人往往是消费者或者最终购买者。商品税发生在商品的流转之中，其稳定和充分的特点保证了税收的稳定和持续，同时商品税可以充分地发挥税收的经济杠杆作用。但是商品税也存在一定的不足，如商品税的征收具有累退性，在其征收过程中并未对纳税人的具体经济水平差异进行考虑，而是普遍适用，不论其纳税能力强弱一律均采用同种制度，这导致对于纳税能力弱者而言负担相对更重；此外，在多环节征税时还会产生重复征税的可能性。目前而言，商品税主要包括增值税、消费税和关税三个税种。值得注意的是，2017 年 10 月 30 日国务院第 191 次常务会议通过的《国务院关于废止〈中华人民共和国营业税暂行条例〉和修改〈中华人民共和国增值税暂行条例〉的决定》全面取消了营业税，实施 60 多年的营业税退出历史舞台。

第一节　增值税制度

【规则要点】

增值税是对纳税人在生产经营过程中实现的增值额征收的一种税。依据增值额计算方式，增值税可分为生产型增值税、收入型增值税和消费型增值税三类。增值税的纳税主体可分为一般纳税人和小规模纳税人两大类，征税范围一般指在中国境内进行应税销售行为或者货物进口。中国增值税税率分为基本税率、低税率和零税率三类。增值税的出口退税指纳税人出口适用税率为零的货物，向海关办理出口手续后，凭出口报关单等有关凭证，按月向税务机关申报办理该项出口货物的退税。

【理解与适用】

增值税是对纳税人在生产经营过程中实现的增值额征收的一种税。所谓增值额，是指生产者或经营者在一定时期内从事工业制造、商业经营和提供劳务过程中新创造的那部分价值。增值税本身以商品流转的增值额为计税依据，使其可有效避免重复征税从而促进企业公平竞争和税收公平原则的实现，这也导致其被视为“中性”税种。同时，增值税在商品流转的各个环节中进行了合理分配，促进生产专业化和企业的横向联合，最终提高劳动生产率。增值税税法是国家制定的用以调整国家与增值税纳税人之间征纳活动的权利和义务关系的法律规范。

一、增值税类型

由于增值税的计税依据是增值额，而增值额的具体计算方式存在差异，故中国将增值税分为消费型增值税和生产型增值税、收入型增值税三类。

（一）消费型增值税

消费型增值税，指计算增值税征收额时，允许纳税人将购置的用于生产的固定资产的价值或者已纳税款一次性全部扣除的增值税，即纳税企业用于生产的全部外购生产资料均不在征税内容之中。该类型增值税的计税依据是全部消费品的价值，而不包括投资品的价值，使得法定增值额小于其理论上的增值额，最终在一定程度上减少了国家的财政收入，但是税负的减轻有利于鼓励投资，加速设备的更新换代，最大限度地发挥了增值税的优越性，故被认为是最先进的一种增值税。消费型增值税在大多数国家得到认可，中国自 2009 年 1 月 1 日开始在全国范围内推进生产型增值税向消费型增值税的转型改革。

（二）生产型增值税

生产型增值税，指计算应纳增值税额时，仅允许扣除原材料等非固定资产的价值或者已纳税款，而不允许扣除固定资产所含税款的增值税。该种方式从社会整体角度看，将税款负担加诸固定资产和消费资料之上，也就是将国民生产总值作为计税依据，因而称为生产型增值税或者 GNP 型增值税。生产型增值税税额是三种增值税类型中最高的，这使得国家财政收入能够得到保证，故多年以前在中国实行。但是，生产型增值税中扣除项目不彻底，计税依据中包含外购固定资产的价值，故发生了对固定资产的重复征税，不利于吸引投资和促进设备的更新，因而在中国逐渐被消费型增值税所代替。

（三）收入型增值税

收入型增值税，指在计算应纳增值税额时，只允许扣除固定资产折旧部分价值或应纳税款，因此就整个社会而言，实际上是对国民收入或者国民净产值征税，故被称为收入型增值税。该种增值税计税依据与理论增值额范围相吻合，是理论上的标准增值税，但是在实践中则很难实现。其困境表现在以下两个方面：一方面，收入型增值税要求税收机关对于折旧额进行精准判断，这导致税收机关必须花费大量时间进行审查。同时，不同方式取得的固定资产入账价值的计量方法也不同，而且企业可能选择不同的折旧方式，种种因素导致对于折旧额的准确认定几乎难以实现。另一方面，折旧分期抵扣不利于凭票抵扣制度的推行。目前，极少数国家会采用该种类型增值税。

二、增值税纳税主体

依据《中华人民共和国增值税暂行条例》及《中华人民共和国增值税暂行条例实施细则》的规定，增值税纳税主体指中国境内销售或者进行货物进口、提供应税劳务和应税服务的单位及个人。“单位”，指企业、行政单位、事业单位、军事单位、社会团体及其他单位；“个人”，指个体工商户及其他个人。若单位以承包、承租、挂靠等方式进行经营，且承包人、承租人、挂靠人以该单位的名义对外经营并由该单位承担相关的法律责任，则认定该单位为纳税主体，否则均以承包人、承租人或挂靠人为纳税主体。此外，如果中国境外的单位或者个人在境内提供应税劳务和应税服务，且在境内未设立经营机构，则以其境内代理人作为扣缴义务人；如果在境内未设立经营机构且无境内代理人，则以劳务和服务接收方为扣缴义务人。

增值税的纳税主体可分为一般纳税人和小规模纳税人两大类，划分标准为税法地位和税款计算方式。一般纳税人可以领购增值税专用发票，且采用购进扣税法计算应纳税额；小规模纳税人不得领用增值税专用发票，且采用简易方法计算应纳税额。

（一）一般纳税人

一般纳税人指年应税销售额超过财政部、国家税务总局规定的小规模纳税人标准的企业和企业标准性单位。

具体标准包括以下三项：

（1）从事货物生产或者提供应税劳务的纳税人，以及以从事货物生产或者提供应税劳务为主，并兼营货物批发或者零售的纳税人，年应税销售额在50万元以上；

（2）除上述规定以外的年应税销售额在80万元以上的纳税人；

（3）应税服务的年销售额超过500万元的试点纳税人。

年应税销售额超过财政部、国家税务总局规定的小规模纳税人标准的，应当向主管税务机关申请一般纳税人资格认定。对于年应税销售额未超过财政部、国家税务总局规定的小规模纳税人标准以及新开业的纳税人，也可以向税务机关申请一般纳税人资格认定。

符合以下条件的可以进行认定：

（1）有固定的生产经营场所；

（2）能够按照国家统一的会计制度规定设置账簿，根据合法、有效凭证核算，能够提供准确的税务资料。

一般纳税人取得法定资格，需要按照国家税务总局发布的《增值税一般纳税人资格认定管理办法》向企业所在地主管税务机关申请办理。一般纳税人销售货物或者提供应税劳务和服务可以使用增值税专用发票，实行税款抵扣制度计算应纳税额。但是如果一般纳税人会计核算不健全、不能提供准确税务数据或是纳税人销售额已经超过小规模纳税人标准但没有申请办理一般纳税人资格认定，则不得适用一般纳税人的相关规定使用增值税专用发票、实行税款抵扣制度计算应纳税额或是抵扣进项税额。

纳税人一旦被认定为一般纳税人，则不得再转为小规模纳税人，除非国家税务总局对其另有规定。

（二）小规模纳税人

小规模纳税人，是指年应征增值税销售额在规定标准之下，并且会计核算不健全的增值税纳税人。年应征增值税销售额，简称年应税销售额，指纳税人连续不超过12个月的经营期内累计应征增值税销售额，其中包括免税销售额。而所谓会计核算不健全，指不能按照规定设立账簿，根据合法、有效凭证记账进行核算。如果纳税人未超过规定标准，但会计核算健全，且能够提供准确税务资料，则可以向税务机关申请一般纳税人资格认定，认定后称为一般纳税人。小规模纳税人销售货物或者提供劳务实行简易办法征收增值税，不能使用增值税专用发票且不得抵扣进项税额。

依据增值税暂行条例实施细则的规定，小规模纳税人认定标准为：

（1）从事货物生产或者提供应税劳务的纳税人，以及以从事货物生产或者提供应税劳务为主（即年货物生产或者提供应税劳务的销售额占年应税销售额的比重在50%以上），并兼营货物批发或者零售的纳税人，年应征增值税销售额在50万元以下的；

（2）除以上规定外，纳税人年应税销售额在80万元以下的；

（3）年应税销售额超过小规模纳税人标准的其他个人按小规模纳税人纳税；

（4）非企业性单位、不经常发生应税行为的企业可选择作为小规模纳税人纳税；

（5）年应税“营改增”规定的应税服务年销售额未超过500万元的纳税人。

三、增值税征税范围

增值税征税范围，又称应税范围，一般指在中国境内进行应税销售行为或者货物进口。“中国境内”在货物、不动产的语境下，要求其运输起始地或者是所在地在境内；在其他语境下，则要求销售方或购买方在境内。除此之外，还有一些特殊的征税范围值得注意，包括特殊征税项目和特殊征税行为。

（一）一般征税范围

1. 应税销售行为

应税销售行为，指对货物、劳务、服务、无形资产、不动产的有偿转让。有偿可以是直接交付价款，也可以是其他货物或者经济利益的交换或取得。这里的货物仅指有形动产。劳务主要指加工和修理修配。“加工”指受托方按照委托方的要求对货物进行处理和制造，而委托方提供原料和主要材料的业务。“修理修配”则是指受托方对委托方提供的受损或丧失功能的货物加以修复，从而使其恢复原状或原有功能的业务。值得注意的是，如果是单位或者个体工商户本身聘用的员工为本单位或者其雇主提供加工、修理修配劳务，不属于该范围。服务，包括陆路、水路、航空和管道运输服务，邮政普遍、特殊和其他服务，研发和技术服务，信息技术服务，文化创意服务，物流辅助服务，有形动产租赁服务，鉴证咨询服务，广播影视服务，基础和增值电信服务。

2. 货物进口

货物进口，指申报有形动产进入中国海关境内。这里的货物包括国外制造和中国出口后转内销的货物、国外捐赠货物以及进口者自行采购的货物。中国现行增值税暂行条例仅规定货物进口有关内容属于增值税的征收范围，而未将货物出口纳入该范围之中。

（二）特殊征税范围

特殊征税范围即一般征税范围之外，但是同样需要征收增值税的业务或行为。

1. 特殊征税业务

特殊征税业务主要包括以下几项：

（1）货物期货，包括商品期货和贵金属期货；

（2）银行的金银销售业务；

（3）典当业死当物品销售业务；

（4）寄售业代委托人销售寄售物品业务；

（5）集邮商品如邮票、邮折等的生产、调拨，以及邮政部门、其他单位或个人的销售业务。

2. 特殊征税行为

（1）视同销售行为

视同销售行为，指某些行为虽然不属于有偿转让货物所有权的一般销售行为，但基于财政收入保障需求、防止对税法的规避以及经济链条和征税的连续性考量，税法将该种行为视为与销售货物相同的行为从而适用货物销售的规定，征收增值税。

依据增值税暂行条例实施细则的规定，视同销售行为包括以下八项：

① 将货物交付他人代销；

② 销售代销货物；

③ 设有两个以上机构并实行统一核算的纳税人，将货物从一个机构移送至其他机构用于销售，但相关机构设在同一县（市）的除外；

④ 将自产、委托加工的货物用于非应税项目；

⑤ 将自产、委托加工或购买的货物作为投资，提供给其他单位或个体经营者；

⑥ 将自产、委托加工或购买的货物用于分配给股东或投资者；

⑦ 将自产、委托加工的货物用于集体福利或个人消费；

⑧ 将自产、委托加工或购买的货物无偿赠送他人。

（2）混合销售行为

混合销售行为，指一项销售行为既涉及货物又涉及非增值税应税劳务的行为。一般而言，除非税法另有规定，从事货物生产、批发或者零售的企业、企业性单位和个体工商户的混合销售行为，视为销售货物，需要缴纳增值税。这里的主体包括以从事货物的生产、批发或者零售为主，并兼营非增值税应税劳务的单位和个体工商户在内；而其他单位和个人的混合销售行为，视为销售非增值税应税劳务，不缴纳增值税。

（3）视同应税服务提供行为

一般而言，单位或个体工商户向其他单位或个人无偿提供交通运输业和部分现代服务业服务应当视为提供应税服务，但以公益为目的或者以社会公众为对象的除外。

（4）非增值税应税劳务兼营行为

非增值税应税劳务兼营行为，指纳税人在生产经营活动中，既存在属于增值税征税范围的货物销售或者提供应税劳务的行为，又存在不属于该范围的行为，且二者之间无联系。对于该种行为，应当对应税劳务和非应税劳务的营业额分别核算。未进行分别核算的，由主管税务机关核定货物或者应税劳务的销售额。

四、增值税税率及征收率

（一）增值税税率

中国增值税税率分为基本税率、低税率和零税率三类。

第一类：基本税率。

税率为17%，适用于一般的货物销售、货物进口及其他情况。

第二类：低税率。

低税率为11%，适用于以下情况：

一是粮食、食用植物油；

二是自来水、暖气、冷水、热水、煤气、石油液化气、天然气、沼气、居民用煤炭制品；

三是图书、报纸、杂志；

四是饲料、化肥、农药、农机、农膜；

五是国务院及其他有关部门规定的其他货物。

此外，若纳税人销售服务、无形资产，除另有规定外，其税率为6%。

第三类：是零税率。

该种税率适用于境内单位和个人跨境销售国务院规定范围内的服务及无形资产，国务院确定的具体范围规定在《财政部、国家税务总局关于全面推开营业税改征增值税试点的通知》的附件4《跨境应税行为适用增值税零税率和免税政策的规定》之中。

1. 中华人民共和国境内（以下简称“境内”）的单位和个人销售的下列服务和无形资产，适用增值税零税率：

（1）国际运输服务。

国际运输服务，是指：

A. 在境内载运旅客或者货物出境；

B. 在境外载运旅客或者货物入境；

C. 在境外载运旅客或者货物。

（2）航天运输服务。

（3）向境外单位提供的完全在境外消费的下列服务：

A. 研发服务；

B. 合同能源管理服务；

C. 设计服务；

D. 广播影视节目（作品）的制作和发行服务；

E. 软件服务；

F. 电路设计及测试服务；

G. 信息系统服务；

H. 业务流程管理服务；

I. 离岸服务外包业务；

J. 转让技术。

（4）财政部和国家税务总局规定的其他服务。

2. 境内的单位和个人销售的下列服务和无形资产免征增值税，但财政部和国家税务总局规定适用增值税零税率的除外：

（1）境内单位和个人销售的下列服务：

A. 工程项目在境外的建筑服务；

B. 工程项目在境外的工程监理服务；

C. 工程、矿产资源在境外的工程勘察勘探服务；

D. 会议展览地点在境外的会议展览服务；

E. 存储地点在境外的仓储服务；

F. 标的物在境外使用的有形动产租赁服务；

G. 在境外提供的广播影视节目（作品）的播映服务；

H. 在境外提供的文化体育服务、教育医疗服务、旅游服务。

（2）为出口货物提供的邮政服务、收派服务、保险服务。

为出口货物提供的保险服务，包括出口货物保险和出口信用保险。

（3）向境外单位提供的完全在境外消费的下列服务和无形资产：

A. 电信服务；

B. 知识产权服务；

C. 物流辅助服务（仓储服务、收派服务除外）；

D. 鉴证咨询服务；

E. 专业技术服务；

F. 商务辅助服务；

G. 广告投放地在境外的广告服务；

H. 无形资产。

（4）以无运输工具承运方式提供的国际运输服务。

（5）为境外单位之间的货币资金融通及其他金融业务提供的直接收费金融服务，且该服务与境内的货物、无形资产和不动产无关。

（6）财政部和国家税务总局规定的其他服务。

3. 按照国家有关规定应取得相关资质的国际运输服务项目，纳税人取得相关资质的，适用增值税零税率政策；未取得的，适用增值税免税政策。

境内的单位或个人提供承租服务，如果租赁的交通工具用于国际运输服务和中国港澳台地区运输服务，由出租方按规定申请适用增值税零税率。

境内的单位和个人向境内单位或个人提供期租、湿租服务，如果承租方利用租赁的交通工具向其他单位或个人提供国际运输服务和中国港澳台地区运输服务，由承租方适用增值税零税率。境内的单位或个人向境外单位或个人提供期租、湿租服务，由出租方适用增值税零税率。

境内单位和个人以无运输工具承运方式提供的国际运输服务，由境内实际承运人适用增值税零税率；无运输工具承运业务的经营者适用增值税免税政策。

（二）增值税征收率

增值税征收率，是指对特定的货物或特定的纳税人销售的货物、应税劳务在某一生产流通环节应纳税额与销售额的比率，其主要是针对小规模纳税人以及一般纳税人选择简易方法计税的项目。适用征收率的货物和劳务，应纳增值税税额计算公式为应纳税额 = 销售额 × 征收率，不得抵扣进项税额。自 2014 年 7 月 1 日起，经国务院批准，决定简并和统一增值税征收率为 3%。

一般纳税人销售进项税额不易确认和计量的货物或是提供财政部及国家税务总局规定的特定应税服务，可以按照简易办法适用征收率计算缴纳增值税。前述货物主要包括以下情况：

（1）县以下小型水力发电单位（装机容量为 5000 万瓦以下）生产的电力；

（2）建筑用和生产建筑材料所用的沙、土、石料；

（3）以自己采掘的沙、土、石料或其他矿物连续生产的砖、瓦、石灰

（不含黏土实心砖、瓦）；

（4）用微生物、微生物代谢产物、动物毒素、人或动物的血液或组织制成的生物制品；

（5）自来水；

（6）商品混凝土（仅限于以水泥为原料生产的水泥混凝土）；

（7）寄售商店代销寄售物品（包括居民个人寄售物品）；

（8）典当业销售死当物品；

（9）使用过的固定资产和旧货；

（10）经国务院或国务院授权机关批准的免税商店零售的免税品。

如果一般纳税人选择适用简易办法缴纳增值税，则 36 个月内不得变更。该种情况下一般纳税人可自行开具增值税专用发票。

五、增值税应纳税额计算

增值税应纳税额计算具体可分为三种情况：

（一）一般纳税人发生应税销售行为

该种情况下，应纳税额计算公式为：

$$应纳税额 = 当期销项税额 - 当期进项税额$$

当期销项税额与当期进项税额不足抵扣时，不足部分可以结转下期继续抵扣。所谓销项税额，即销售额与税率的乘积。

进项税额，指纳税人购进货物、劳务、服务、无形资产、不动产支付或者负担的增值税额。一般可以被抵扣的进项税额为：

（1）从销售方取得的增值税专用发票上注明的增值税额；

（2）从海关取得的海关进口增值税专用缴款书上注明的增值税额；

（3）购进农产品，除取得增值税专用发票或者海关进口增值税专用缴款书外，按照农产品收购发票或者销售发票上注明的农产品买价和 11% 的扣除率计算的进项税额，国务院另有规定的除外。

进项税额计算公式：

$$进项税额 = 买价 \times 扣除率$$

（4）自境外单位或者个人购进劳务、服务、无形资产或者境内的不动产，从税务机关或者扣缴义务人取得的代扣代缴税款的完税凭证上注明的增值税额。

（二）小规模纳税人发生应税销售行为

小规模纳税人发生应税销售行为，其应纳税额计算公式为：

应纳税额 = 销售额 × 征收率

该公式中销售额是不含增值税应纳税额的销售额。如果小规模纳税人采用销售额和应纳税额合并定价方法的，则应该按照下列公式进行计算：

销售额 = 含税销售额 ÷（1 + 税率）

以上两个公式中增值税征收率均为3%。

（三）纳税人进口货物

纳税人进口货物，按照组成计税价格和增值税暂行条例规定的税率计算应纳税额。组成计税价格和应纳税额计算公式分别为：

组成计税价格 = 关税完税价格 + 关税 + 消费税

应纳税额 = 组成计税价格 × 税率

六、增值税税收优惠

（一）税收减免制度

依据增值税暂行条例第 15 条的相关规定，下列项目可免征增值税：

（1）农业生产者销售的自产农产品；

（2）避孕药品和用具；

（3）古旧图书；

（4）直接用于科学研究、科学试验和教学的进口仪器、设备；

（5）外国政府、国际组织无偿援助的进口物资和设备；

（6）由残疾人的组织直接进口供残疾人专用的物品；

（7）销售的自己使用过的物品。

除此之外，国务院有权规定其他增值税的减免项目。但中国的各地区、各部门则不得规定免税、减税项目。

（二）起征点制度

起征点制度规定在增值税暂行条例第 17 条中。如果纳税人销售额未达到国务院财政、税务主管部门规定的增值税起征点，则可免征增值税。只有达到起征点的才会全额征收增值税。

七、增值税出口退税制度

增值税出口退税，是指纳税人出口适用税率为零的货物，向海关办理出口手续后，凭出口报关单等有关凭证，按月向税务机关申报办理该项出口货物的退税。

依据增值税暂行条例，如果纳税人出口货物适用退/免税规定，应当向海关办理出口手续后，凭出口报关单等有关凭证，在规定的申报期内按月向主管税务机关申报办理该项出口货物的退/免税；若境内单位和个人跨境销售服务和无形资产适用退/免税规定，应当按期向主管税务机关申报办理退/免税，具体办法由国务院财政、税务主管部门制定。

值得注意的是，如果出口货物办理退税后发生退货或者退关的情况，纳税人应当依法补缴已经退回的税款。

八、增值税征收管理

（一）纳税义务发生时间

应税销售行为中纳税义务发生时间为收讫销售款项或者取得索取销售款项凭据的当天；先开具发票的，为开具发票的当天。如果是货物进口，则发生在报关进口的当天。增值税扣缴义务发生时间为纳税人增值税纳税义务发生的当天。

（二）纳税期限

纳税期限与纳税义务发生时间关系密切，其区别在于纳税期限是一个时间段而纳税义务发生时间是一个时间点。对于应税销售行为，增值税的纳税期限分别为 1 日、3 日、5 日、10 日、15 日、1 个月或者 1 个季度。纳税人的具体纳税期限，由主管税务机关根据纳税人应纳税额的大小分别核定；不能按照固定期限纳税的，可以按次纳税。纳税人以 1 个月或者 1 个季度为 1 个纳税期的，自期满之日起 15 日内申报纳税；以 1 日、3 日、5 日、10 日或者 15 日为 1 个纳税期的，自期满之日起 5 日内预缴税款，于次月 1 日起 15 日内申报纳税并结清上月应纳税款。扣缴义务人解缴税款的期限与此相同。

对于货物进口，纳税人应当自海关填发海关进口增值税专用缴款书之日起 15 日内缴纳税款。

（三）纳税地点

增值税纳税地点既是纳税人履行纳税义务的重要问题，也是确定税务机关管辖权的重要内容。纳税地点的规定依据业户是否固定及货物销售行为的地点划分为三类：

其一，固定业户应当向其机构所在地的主管税务机关申报纳税。

若总机构和分支机构不在同一县（市）的，应当分别向各自所在地的主管税务机关申报纳税。此外，如经过国务院财政、税务主管部门或者其授权的财政、税务机关批准，该固定业户也可以由总机构汇总向总机构所在地的主管税务机关申报纳税。

其二，固定业户到外县（市）销售货物或者劳务，应向其机构所在地的主管税务机关申报纳税。

固定业户到外县（市）销售货物或者劳务应当向其机构所在地的主管税务机关报告外出经营事项，并向其机构所在地的主管税务机关申报纳税。若未进行报告，则该固定业户应当向销售地或者劳务发生地的主管税务机关申报纳税；如果该固定业户并未向销售地或者劳务发生地的主管税务机关申报纳税的，由其机构所在地的主管税务机关补征税款。

其三，非固定业户销售货物或者劳务，应当向销售地或者劳务发生地的主管税务机关申报纳税。

若其未向销售地或者劳务发生地的主管税务机关申报纳税的，则由其机构所在地或者居住地的主管税务机关补征税款。

对于进口货物，应当由纳税人向报关地海关申报纳税。

九、增值税专用发票

增值税专用发票简称专用发票，是指增值税一般纳税人进行应税销售行为开具的发票，是购买方支付增值税并可按照增值税法据以抵扣增值税进项税额的凭证。目前，对增值税专用发票进行规制的是国家税务总局2007年实施的《增值税专用发票使用规定》。专用发票由基本联次或者基本联次附加其他联次构成，基本联次为三联，即发票联、抵扣联和记账联。

对于专用发票实行最高开票限额管理制度。最高开票限额由一般纳税人申请，区县税务机关依法审批。一般纳税人申请最高开票限额时，须填报《增值税专用发票最高开票限额申请单》。主管税务机关受理纳税人申请以后，根据需要进行实地查验。实地查验的范围和方法由各省国税机关确定并报国家税务总局备案。同时明确：税务机关应根据纳税人实际生产经营和销售情况进行审批，保证纳税人生产经营的正常需要。

一般纳税人进行应税销售行为，应当向购买方开具专用发票。商业企业一般纳税人零售的烟酒、食品、化妆品等消费品不得开具专用发票。除此之外，如果小规模纳税人需要开具专用发票，可以向主管税务机关申请代开。销售免税货物不得开具专用发票。

有关增值税专用发票的典型违法行为有两种：代开发票和虚开发票。如果向没有与自己发生直接购销关系的他人开具发票，则构成发票代开；如果在无任何购销事实的前提下为他人、为自己或是让他人为自己或介绍他人开具发票，则构成虚开发票。这两种情况下一律按照票面所列商品的适用税率全额补征税款，且按照偷税行为进行处罚。若构成刑事犯罪，则依法给予刑事处罚。

【风险提示】

1. 一般纳税人取得法定资格，需要按照《增值税一般纳税人资格认定管理办法》向企业所在地主管税务机关申请办理。若纳税主体未申请办理一般纳税人资格认定，则不得适用一般纳税人的相关规定。

2. 如果出口货物办理退税后发生退货或者退关的情况，纳税人应当依法补缴已经退回的税款。

【相关案例】

常熟市某进出口有限公司与江苏省常熟市国家税务局暂缓办理退税纠纷案

原告常熟市某进出口有限公司不服被告江苏省常熟市国家税务局作出的《税务事项通知书》，认为被告对原告暂缓退税依据不足，适用法律错误，程序违法。被告常熟市国家税务局辩称，因原告有部分毛皮产品涉嫌骗取出口退税，答辩人下属稽查局于2016年6月立案稽查，因案件复杂、重大，该案尚在检查过程中，至今尚未结案。

法院认为，《中华人民共和国税收征收管理法》第66条第2款规定，对骗取国家出口退税款的，税务机关可以在规定期间内停止为其办理出口退税。《中华人民共和国增值税暂行条例》第25条第1款规定，纳税人出口货物适用退（免）税规定的，应当向海关办理出口手续，凭出口报送单等有关凭证，在规定的出口退（免）税申报期内按月向主管税务机关申报办理该项出口货物的退（免）税。具体办法由国务院财政、税务主管部门制定。本案中，常熟市国家税务局因该公司涉嫌骗取出口退税而对其立案查处，该案尚在查处过程中，由于所涉税款已经办理退税，故常熟市国家税务局对该公司其他货物出口退税暂缓办理，符合法律规定。故驳回原告诉讼请求。

【法条指引】

中华人民共和国增值税暂行条例（节录）

第八条 纳税人购进货物、劳务、服务、无形资产、不动产支付或者负担的增值税额，为进项税额。

下列进项税额准予从销项税额中抵扣：

（一）从销售方取得的增值税专用发票上注明的增值税额。

（二）从海关取得的海关进口增值税专用缴款书上注明的增值税额。

（三）购进农产品，除取得增值税专用发票或者海关进口增值税专用缴款书外，按照农产品收购发票或者销售发票上注明的农产品买价和11%的扣除率计算的进项税额，国务院另有规定的除外。进项税额计算公式：

进项税额 = 买价 × 扣除率

（四）自境外单位或者个人购进劳务、服务、无形资产或者境内的不动产，从税务机关或者扣缴义务人取得的代扣代缴税款的完税凭证上注明的增值税额。

准予抵扣的项目和扣除率的调整，由国务院决定。

第二十五条 纳税人出口货物适用退（免）税规定的，应当向海关办理出口手续，凭出口报关单等有关凭证，在规定的出口退（免）税申报期内按月向主管税务机关申报办理该项出口货物的退（免）税；境内单位和个人跨境销售服务和无形资产适用退（免）税规定的，应当按期向主管税务机关申报办理退（免）税。具体办法由国务院财政、税务主管部门制定。

出口货物办理退税后发生退货或者退关的，纳税人应当依法补缴已退的税款。

第二节　消费税制度

【规则要点】

消费税，也称货物税，指将特定消费品的流转额为计税依据而征收的一种商品税。依据消费税征税范围的大小，可将其分为狭窄型、中间型和宽泛型三种类型。消费税纳税义务人为在中国境内生产、委托加工和进口税法规定的应税消费品的单位和个人，以及国务院确定的销售消费税暂行条例规定的应税消费品的其他单位和个人。目前，中国消费税征税范围为在中国境内生产、委托加工和进口的应税消费品，主要包括特定消费品、奢侈品、非生活必需品、高能耗的高档消费品、稀缺资源消费品和特定财政意义消费品五大类。

【理解与适用】

消费税本身是一个较为刚性的流转税，其征税范围虽然是消费品，但是其仅针对部分特殊消费品、奢侈品、高能耗消费品和不可再生的稀缺资源消费品，而未将生活必需品纳入其中，且消费税实行差别税率制，这有利于其调节功能的发挥。消费税一般发生在生产者出厂销售或从国外进口应税消费品时进行征税，在其他环节不再征税，即一次课征制。此外，消费税作为价内税，具有转嫁性。无论在哪一个环节征收消费税，均由最终购买应税消费品的主体来承担。

依据消费税征税范围的大小，可将其分为狭窄型、中间型和宽泛型三种类型。狭窄型消费税的征税范围主要为传统应税项目，如烟草制品、石油制品、机动车辆等。中间型消费税的征税范围较之狭窄性更为广泛，除上述范围外还包含一些日用品和奢侈品。宽泛型消费税的范围最广，还要包括一些生产性消费资料。

一、消费税纳税主体

依据《中华人民共和国消费税暂行条例》，消费税纳税义务人为在中国境内生产、委托加工和进口税法规定的应税消费品的单位和个人，以及国务院确定的销售消费税暂行条例规定的应税消费品的其他单位和个人。

这里的“境内”，指生产、委托加工和进口属于应当缴纳消费税的消费品的起运地或所在地在境内；“单位”，指企业、行政单位、事业单位、军事单位、社会团体和其他单位。“个人”，指个体工商户及其他个人。

二、消费税征税范围

目前，中国消费税征税范围为在中国境内生产、委托加工和进口的应税消费品，主要包括五大类：

（一）特定消费品

指过度消费会对人类健康、社会秩序和生态环境等造成危险的消费品。包括三类，即烟、酒及酒精、鞭炮与焰火。烟，包括卷烟、雪茄烟和烟丝；酒，包括白酒、黄酒、啤酒和其他酒。通过对该种特定消费品征收消费税，可以抑制其消费。

（二）奢侈品、非生活必需品

包括金银首饰、铂金首饰和钻石及钻石饰品，以及其他贵重首饰和珠宝玉石；化妆品；高尔夫球及球具；高档手表；游艇。对该类消费品征收消费税可以调节消费者的收入水平。

（三）高能耗的高档消费品

包括小汽车和摩托车两项。小汽车包括乘用车及中轻型商用客车。

（四）稀缺资源消费品

如成品油、实木地板、木制一次性筷子。成品油，包括汽油、柴油、航空煤油、石脑油、溶剂油、润滑油、燃料油。

（五）特定财政意义消费品

如汽车轮胎。

三、消费税税率

消费税税率包括两类，即比例税率和定额税率。大部分消费税税率采用比例税率的方式。具体税率如下表：

消费税税目税率表

<table>
<tr><td rowspan="5">烟</td><td rowspan="3">卷烟</td><td>甲类卷烟 56%　加 0.003 元/支（生产环节）</td></tr>
<tr><td>乙类卷烟 30%　加 0.003 元/支（生产环节）</td></tr>
<tr><td>批发环节 5%</td></tr>
<tr><td colspan="2">雪茄烟 36%</td></tr>
<tr><td colspan="2">烟丝 30%</td></tr>
<tr><td rowspan="6">酒及酒精</td><td colspan="2">白酒 20% 加 0.5 元/500 克（或者 500 毫升）</td></tr>
<tr><td colspan="2">黄酒 240 元/吨</td></tr>
<tr><td rowspan="2">啤酒</td><td>甲类啤酒 250 元/吨</td></tr>
<tr><td>乙类啤酒 220 元/吨</td></tr>
<tr><td colspan="2">其他酒 10%</td></tr>
<tr><td colspan="2">酒精 5%</td></tr>
<tr><td colspan="3">化妆品 30%</td></tr>
<tr><td rowspan="2">贵重首饰珠宝玉石</td><td colspan="2">金银首饰、铂金首饰和钻石及钻石饰品 5%</td></tr>
<tr><td colspan="2">其他贵重首饰和珠宝玉石 10%</td></tr>
<tr><td colspan="3">鞭炮、焰火 15%</td></tr>
<tr><td rowspan="8">成品油</td><td rowspan="2">汽油</td><td>含铅汽油 1.40 元/升</td></tr>
<tr><td>无铅汽油 1.00 元/升</td></tr>
<tr><td colspan="2">柴油 0.80 元/升</td></tr>
<tr><td colspan="2">航空煤油 0.80 元/升</td></tr>
<tr><td colspan="2">石脑油 1.00 元/升</td></tr>
<tr><td colspan="2">溶剂油 1.00 元/升</td></tr>
<tr><td colspan="2">润滑油 1.00 元/升</td></tr>
<tr><td colspan="2">燃料油 0.80 元/升</td></tr>
</table>

（续表）

<table>
<tr><td colspan="3">汽车轮胎3%</td></tr>
<tr><td rowspan="2">摩托车</td><td colspan="2">气缸容量（排气量，下同）在250毫升（含250毫升）以下的3%</td></tr>
<tr><td colspan="2">气缸容量在250毫升以上的10%</td></tr>
<tr><td rowspan="8">小汽车</td><td rowspan="7">乘用车</td><td>气缸容量（排气量，下同）在1.0升（含1.0升）以下的1%</td></tr>
<tr><td>气缸容量在1.0升以上至1.5升（含1.5升）的3%</td></tr>
<tr><td>气缸容量在1.5升以上至2.0升（含2.0升）的5%</td></tr>
<tr><td>气缸容量在2.0升以上至2.5升（含2.5升）的9%</td></tr>
<tr><td>气缸容量在2.5升以上至3.0升（含3.0升）的12%</td></tr>
<tr><td>气缸容量在3.0升以上至4.0升（含4.0升）的25%</td></tr>
<tr><td>气缸容量在4.0升以上的40%</td></tr>
<tr><td colspan="2">中轻型商用客车5%</td></tr>
<tr><td colspan="3">高尔夫球及球具10%</td></tr>
<tr><td colspan="3">高档手表20%</td></tr>
<tr><td colspan="3">游艇10%</td></tr>
<tr><td colspan="3">木制一次性筷子5%</td></tr>
<tr><td colspan="3">实木地板5%</td></tr>
</table>

四、消费税应纳税额计算

消费税应纳税额计算包括三种：从价定率计征、从量定额计征和从量定额复合计征。

（一）从价定率计征

从价定率计征应用于适用比例税率的消费品，该种计税依据是销售额。

其计算公式为：

$$应纳税额 = 销售额 \times 比例税率$$

（二）从量定额计征

从量定额计征应用于适用定额税率的消费品。

其计算公式为：

$$应纳税额 = 销售数量 \times 定额税率$$

（三）从量定额复合计征

目前适用于卷烟和白酒两类消费品。

其计算公式为：

应纳税额 = 销售额 × 比例税率 + 销售数量 × 定额税率

上述三种计征方式汇总的销售额，均为纳税人销售应税消费品向购买方收取的全部价款和价外费用，与作为增值税计税依据的销售额是同一概念。故其销售额也不应当包含向购货方收取的增值税税款。

若纳税人应税消费品的销售额中并未扣除增值税税款，或是因无专用发票而导致价款和增值税税款合并收取，则应税消费品的销售额计算公式为：

应税消费品的销售额 = 含增值税的销售额 ÷（1 + 增值税税率或征收率）

此外，纳税人销售的应税消费品，均应当以人民币计算销售额；若纳税人以人民币以外的货币结算销售额，则应当折合成人民币进行计算。

值得注意的是，对于计税依据的确定，还有一些特殊规定：

第一，纳税人自产自用的应税消费品，按照纳税人生产的同类消费品的销售价格计算纳税；没有同类消费品销售价格的，按照法定的组成计税价格计算纳税。

第二，委托加工的应税消费品，按照受托方的同类消费品的销售价格计算纳税；没有同类消费品销售价格的，按照法定的组成计税价格计算纳税。

第三，进口的应税消费品，按照法定的组成计税价格计算纳税。

进口应税消费品，适用从价定率计算纳税的组成计税价格计算。其公式为：

组成计税价格 =（关税完税价格 + 关税）÷（1 - 消费税比例税率）

五、消费税减免与退税

依据消费税暂行条例的规定，消费税减免仅包括两种情况：

其一，纳税人出口应税消费品，除国务院另有规定的以外，免征消费税；

其二，纳税人自产自用的应税消费品中用于连续生产应税消费品的不需要纳税。

所谓“用于连续生产应税消费品”，指纳税人将自产自用的应税消费品作为直接材料生产最终应税消费品，自产自用应税消费品构成了最终应税消费品的实体。

关于消费税退税，纳税人出口按规定可以免税的应税消费品在货物出口之后，可以按照国家的相关规定办理出口退税手续。出口的应税消费品办理退税后，发生退关或者国外退货进口时予以免税的情况，报关出口者必须及时向其机构所在地或者居住地主管税务机关申报补缴已经退还的消费税税款。如果纳税人直接出口的应税消费品办理免税之后发生了退关或者国外退货的情形，而进口时已经予以免税，经过机构所在地或者居住地主管税务机关的批准，可以暂时不办理补税手续，直到其转为国内销售时，再申报补缴消费税。

六、消费税征收管理

（一）纳税义务发生时间

依据消费税暂行条例实施细则的相关规定，消费税义务发生具体时间如下：

其一，如果纳税人销售应税消费品，则依照销售结算方式不同划分为四类：

（1）若采取赊销和分期收款结算方式，纳税义务发生时间为书面合同约定的收款日期的当天；如果书面合同没有约定收款日期或者无书面合同的，则纳税义务发生时间为发出应税消费品的当天。

（2）如果采取预收货款的结算方式，则纳税义务发生时间为发出应税消费品的当天。

（3）若采取托收承付和委托银行收款方式进行销售结算，则纳税义务发生时间为发出应税消费品并办妥托收手续的当天。

（4）如果采用其他方式进行结算，则纳税义务发生时间为收讫销售款或者取得索取销售款凭据的当天。

其二，如果纳税人自产自用应税消费品，则纳税义务发生时间为移送使用的当天。

其三，若纳税人委托加工应税消费品，则纳税义务发生时间为纳税人提货的当天。

其四，若纳税人进口应税消费品，则纳税义务发生时间为报关进口的当天。

（二）纳税期限

消费税的纳税期限一般情况下分别为1日、3日、5日、10日、15日、1个月或者1个季度。纳税人的具体纳税期限，由主管税务机关根据纳税人应纳税额的大小分别核定；如果纳税人不能按照固定期限纳税的，可以按次纳税。若纳税人以1个月或者1个季度为1个纳税期，则应自期满之日起15日内申报纳税；若其以1日、3日、5日、10日或者15日为1个纳税期的，则应在期满之日起5日内预缴税款，于次月1日起15日内申报纳税并结清上月应纳税款。例外规定是纳税人进口应税消费品，此时应当自海关填发海关进口消费税专用缴款书之日起15日内缴纳税款。

（三）纳税地点

依据消费税暂行条例的规定，消费税应当由税务机关征收，若纳税人进口应税消费品，则应当由海关代征。若个人携带或者邮寄进境应税消费品，则其消费税应当连同关税一并计征。计征的具体办法由国务院关税税则委员会会同有关部门制定。

纳税地点具体规定如下：

第一，对于纳税人销售的应税消费品，以及其自产自用的应税消费品，除非国务院财政、税务主管部门另有规定，纳税人应当向其机构所在地或者居住地的主管税务机关申报纳税。

第二，对于委托加工的应税消费品，除非受托方为个人，应当由受托方向机构所在地或者居住地的主管税务机关解缴消费税税款。

第三，对于进口的应税消费品，应当向报关地的海关申报纳税。

（四）纳税环节

中国消费税一般在生产环节征收，具体包括五种类型：

1. 生产环节

纳税人生产应税消费品，由生产者在销售时纳税。自产自用的应税消费品用于本企业连续生产的不纳税，如果用于其他方面，则在移送使用时纳税。

2. 委托加工环节

委托加工的应税消费品，应当由受托方在向委托方交货时代受代缴税款。如果是委托个人加工的应税消费品，则由委托方收回后缴纳消费税。

3. 进口环节

进口应税消费品应当由进口人或者其代理人于报关进口时申报纳税。

4. 零售环节

如金银首饰。

5. 批发环节

卷烟在生产环节和批发环节纳税。

【风险提示】

出口的应税消费品办理退税后，如果发生了退关或者是国外退货的情况且在进口时予以免税，报关出口者必须及时向其机构所在地或者居住地主管税务机关申报补缴已经退还的消费税税款。

【相关案例】

江苏某新能源有限公司与常州市国家税务局稽查局行政处罚、行政复议案

江苏某新能源有限公司系一家新能源生产企业，经营范围包括生物柴油、副产燃料油（甘油）、硫酸钠（无水）的制造，非食用废弃油脂的回收，生物柴油、副产燃料油（甘油）、硫酸钠（无水）、橡胶、塑胶、塑料制品、化工原料（除危险品）的销售。常州市国家税务局稽查局认定该公司在2011年1月至2013年12月生产销售“生物重油”14767.426吨，未作消费税应税产品申报纳税，作出常国税稽处〔2015〕80号《税务处理决定书》，要求该公司按燃料油消费税税率补缴消费税11991149.91元。

一审法院认为，《中华人民共和国消费税暂行条例》第4条第1款规定，生产应税消费品于纳税人销售时纳税。该公司未及时纳税的行为属于欠缴税款的行为。常州市国家税务局稽查局将涉案“生物重油”归类于成品油并无不当。

原告不服上诉，二审法院认为，《中华人民共和国消费税暂行条例实施细则》第3条规定："条例所附《消费税税目税率表》中所列应税消费品的具体征税范围，由财政部、国家税务总局确定。"财税〔2008〕167号《财政部 国家税务总局关于提高成品油消费税税率的通知》附件2成品油消费税征收范围注释七对燃料油进行了界定："燃料油也称重油、渣油，是用原油或其他原料加工生产，主要用作电厂发电、锅炉用燃料、加热炉燃料、冶金和其他工业炉燃料。……"该通知自2009年1月1日起执行。此后，财税〔2010〕118号《财政部 国家税务总局关于对利用废弃的动植物油生产纯生物柴油免征消费税的通知》明确了利用废弃的动植物油生产的纯生物柴油免征消费税须要符合的国家标准。该通知强调，对不符合规定的生物柴油，或者以柴油、柴油组分调合生产的生物柴油照章征收消费税。该通知亦从2009年1月1日起执行。由上述规定可见，该公司认为其利用地沟油生产的各类油品均不在消费税征收范围的主张，于法无据。常州市国家税务局稽查局对该公司销售的涉案生物重油按燃料油的税率征收消费税，适用法律正确。故维持一审驳回原告诉求的判决。

【法条指引】

中华人民共和国消费税暂行条例（节录）

第三条 纳税人兼营不同税率的应当缴纳消费税的消费品（以下简称应税消费品），应当分别核算不同税率应税消费品的销售额、销售数量；未分别核算销售额、销售数量，或者将不同税率的应税消费品组成成套消费品销售的，从高适用税率。

第十二条 消费税由税务机关征收，进口的应税消费品的消费税由海关代征。

个人携带或者邮寄进境的应税消费品的消费税，连同关税一并计征。具体办法由国务院关税税则委员会会同有关部门制定。

中华人民共和国消费税暂行条例实施细则（节录）

第三条 条例所附《消费税税目税率表》中所列应税消费品的具体征税范围，由财政部、国家税务总局确定。

第三节 进出口关税制度

【规则要点】

关税，是指以进出关境的货物或者物品的流转额为计税依据而征收的一种商品税，由海关专门负责征收。关税的计税依据是关税的完税价格，且实行单环节课征制度，一次性征收后对于国内流通的任何环节都不再征收关税。

【理解与适用】

对于在境内流转的商品，只能征收国内商品税，不能征收关税。关税的课税环节仅在进出口环节，即实行单环节课征制度，一次性征收后对于国内流通的任何环节都不再征收关税。关税的计税依据是关税的完税价格，所谓完税价格，即海关根据有关规定对进出口货物进行审定或估定后通过估价确定的价格。

关税可划分为不同类型：

其一，依据征税对象的流动方向，关税可以分为进口税、出口税和过境税。

进口税，指对进入关境的货物或物品征收的关税，一般在进入关境或者国境时征收。出口税，即对运出关境的货物征收的一种关税。过境税，即对通过本国关境运往其他国家或者地区的货物征收的关税。

其二，依据征税目的的不同，关税可以分为财政关税和保护关税。

财政关税，指以增加财政收入为主要目的而征收的关税，税率较低。保护关税，指为保护本国民族经济发展而征收的关税，税率较高。

其三，依据关税的国家待遇差别，可以分为优惠关税和歧视关税。

优惠关税，指对特定受惠国在税收上给予优惠待遇的关税，即按照优惠税率来征税。一般而言，优惠关税可以分为互惠关税、特惠关税、最惠国待遇关税和普遍优惠制关税四种类型。歧视关税，指对于某些国家的进口货物按照较之普通税率而言更高的税率征收的关税，是保护一国产业所采取的特别手段，一般包括反倾销关税、反补贴关税、报复性关税和保障性关税。

一、关税纳税主体与征税范围

（一）纳税主体

中国关税的纳税主体是依法负有缴纳关税义务的单位和个人。对于贸易性商品，其纳税主体包括进口货物的收货人和出口货物的发货人。这里的收货人和发货人指的是依法享有对外贸易经营权，且进行货物进出口的法人或者其他社会团体。对于非贸易性物品，纳税主体为进境物品的所有人。该所有人可以是确定所有人也可以是推定所有人。就携带进境的物品而言，一般推定其携带人为所有人；而分离运输的行李推定所有人则是相应的进出境旅客；若应税物品是通过邮递方式进境，则收件人为推定所有人；同样的，如果是通过邮递或者其他方式运输出境的物品，则推定寄件人或托运人为所有人。

（二）征税范围

依据《中华人民共和国进出口关税条例》的规定，中国关税的征税范围包括准许进出中国国境的各类货物和物品。

“货物”，指贸易型的进出口商品。

“物品”则是非贸易性的，一般包括以下种类：

（1）入境旅客随身携带的行李和物品；

（2）个人邮递物品；

（3）各种运输工具上的服务人员携带进口的自用物品；

（4）馈赠物品以及以其他方式入境的个人物品。

二、关税税率

关税税率是关税法的核心内容，也是关税政策的重要体现。为履行加入世界贸易组织的降低承诺，中国自2001年12月11日以来，关税总水平逐年降低，从2002年的15.3%到2008年的9.8%，2017年关税总水平不变，仅有微调。依据进出口关税条例的规定，货物与物品的关税税率有所不同，而货物税率又因其流动方向区别而不同。具体而言，关税税率大体可以分为以下三类。

（一）货物进口税率

货物进口关税设置了最惠国税率、协定税率、特惠税率、普通税率、关税配额税率等税率。对货物进口而言，在一定期限内可以实行暂定税率。

货物进口税率主要分为以下几类：

1. 最惠国税率

最惠国税率适用于原产于与中国共同适用最惠国待遇条款的世界贸易组织成员国的进口货物，或是原产于同中国已经签订了含有双向最惠国待遇条款的双边贸易协定的国家或者地区货物，此外，还有原产于中国境内的进口货物。

2. 协定税率

协定税率适用于原产于与中国签订含有关税优惠条款的区域性贸易协定的国家或地区的进口货物。

3. 特惠税率

特惠税率适用于原产于与中国签订含有特殊关税条款的贸易协定的国家或地区的进口货物。

4. 普通税率

普通税率适用于原产于前述三项之外的其他国家或地区的进口货物，以及原产地不明的进口货物。

5. 暂定税率

暂定税率指由于国家需要而在一定时期内实施的一种进口关税税率。如果进口货物既应适用最惠国税率，又有暂定税率，则最终适用暂定税率。如果进口货物本身应适用协定税率、特惠国税率，同时存在暂定税率的，则应当在其中适用更低的税率。普通税率进口的货物不适用暂定税率。

6. 关税配额税率

关税配额税率适用于按照国家规定实行关税配额管理的进口货物。在关税配额之内的部分适用关税配额税率，在关税配额之外的部分适用前述的具体规定。

7. 特别关税税率

如果对特定进口货物需要适用反倾销或者反补贴措施的，则其关税税率应当依照《中华人民共和国反倾销条例》《中华人民共和国反补贴条例》

《中华人民共和国保障措施条例》的具体规定执行。

8. 报复性关税税率

若与中国签订或者共同参加贸易协定以及相关协定的国家或地区违反了协定内容，中国决定在贸易方面采用禁止、限制、加征关税或是其他特殊措施的，可以对原产于该国家的货物适用报复性关税税率征收报复性关税。

鉴于原产地对于关税税率确定的重要性，世界贸易组织达成了名为《原产地规则协议》的框架性协议。中国参照该协议和国际惯例，确定了“全部产地生产标准”和“实质性加工标准”两个具体标准来认定原产地。全部产地生产标准是指进口货物“完全在一个国家内生产或制造”，生产或制造国即为该货物的原产国。实质性加工标准经过几个国家加工、制造的进口货物，以最后一个对货物进行经济上可以视为实质性加工的国家作为有关货物的原产国。所谓“实质性加工”，指产品加工后，在进出口税则中四位数税号一级的税则归类已经有了改变，或者加工增值部分所占新产品总值的比例已超过30%。

（二）货物出口税率

中国货物出口税率适用一栏税率，即对于同一种商品使用一种税率。出口税率的征收既要服从于鼓励出口的政策，又要做到能够控制一些商品的盲目出口。基于这样的要求，国家对少数资源型产品以及特定的易于竞相杀价、盲目出口、需要规范秩序的半制成品征收出口关税。出口暂定税率优先适用于一般的出口税率。

（三）物品进口税率

对于非贸易性物品，其税率的具体适用规定于《中华人民共和国海关关于入境旅客行李物品和个人邮递物品征收进口税办法》的税率表之中。

该税率表划分为四档：

（1）税率10%。适用于食品、饮料、金、银、珠宝、金银珠宝制品、医疗保健和美容器材等。

（2）税率20%。适用于空调机配件、电冰箱及其配件、电视机及配件、洗衣机及配件等。

（3）税率30%。适用于高档手表、高尔夫球及球具。

（4）税率50%。适用于酒类、烟草和化妆品。

货物进出口具体税率的确定，应当适用海关接受该货物申报进口或者出口之日实施的税率。如果在进口货物到达之前已经经过海关核准先行申报，则应当适用装载该货物的运输工具申报进境之日实施的税率。如果是转关运输货物，税率的适用日期则由海关总署另行规定。

三、关税完税价格确定

（一）进口货物完税价格确定及估定

1. 进口货物完税价格一般确定

一般而言，进口货物完税价格由海关审查确定。海关审查基础为是否符合法定条件的成交价格、该货物运抵中国境内输入地点起卸前的运输费、保险费及相关费用。

所谓“成交价格”，指卖方向中国境内销售该货物时买方为进口该货物向卖方实付、应付，且按照“法定增减项目”调整后的价款总额，包括直接或间接支付的价款。

成交价格的确定法定条件包括：

（1）对卖方处置或者使用该货物不予限制，但法律、行政法规规定实施的限制、对货物转售地域的限制和对货物价格无实质性影响的限制除外；

（2）该货物的成交价格没有因搭售或者其他因素的影响而无法确定；

（3）卖方不得从买方直接或者间接获得因该货物进口后转售、处置或者使用而产生的任何受益，或者虽然有受益但可以按照法定增减项目的规定进行调整；

（4）买卖双方没有特殊关系或者虽有特殊关系但未对成交价格产生影响。

所谓“法定增减项目”，包括应当计入完税价格的相关费用，以及不应当计入完税价格的相关税费。

故进口货物应当计入完税价格的费用包括：

（1）买方负担的购货佣金以外的佣金和经纪费；

（2）买方负担的在审查确定完税价格时与该货物视为一体的容器的费用；

（3）买方负担的包装材料费用和包装劳务费用；

（4）与该货物的生产和向中国境内销售有关的，由买方以免费或者以低于成本的方式提供并可以按照适当比例分摊的料件、工具、模具、消耗材料及类似货物的价款，以及在境外开发、设计等相关服务的费用；

（5）买方必须支付的作为该货物向中国境内销售的条件的与该货物有关的特许权使用费；

（6）卖方直接或者间接从买方获得的该货物进口后转售、处置或者使用的收益。

不计入完税价格的货物价款中的税收和费用包括：

（1）厂房、机械设备等货物进口后进行建设、安装、装配、维修和技术服务的费用；

（2）进口货物运抵境内输入地点起卸后的运输及其相关费用、保险费；

（3）进口关税及国内税收。

2. 进口货物完税价格特殊确定

（1）如果是以租赁方式进口的货物，则以海关审查确定的该货物的租金作为完税价格。若纳税义务人要求一次性缴纳税款，纳税义务人可以选择进行完税价格估定，或者将海关审查确定的租金总额作为完税价格；

（2）如果是运往境外加工的货物，出境时已经向海关报明并且在海关规定的期限内复运进境的，应当以境外加工费和料件费以及复运进境的运输及相关费用和保险费审查确定完税价格；

（3）运往境外修理的机械器具、运输工具或者其他货物，出境时已经向海关报明并在海关规定的期限内复运进境的，应当以境外修理费和料件费审查确定完税价格。

3. 进口货物完税价格估定

如果完税价格不符合上述法定条件或是不能直接确定，海关可以在与纳税人磋商之后估定货物完税价格，估定方式如下，依序适用：

（1）与该货物同时或者大约向中国境内销售的相同货物的成交价格；

（2）与该货物同时或者大约同时向中国境内销售的类似货物的成交价格；

（3）与该货物进口的同时或者大约同时，将该进口货物、相同或者类似进口货物在第一级销售环节销售给无特殊关系买方最大销售总量的单位价格，但是应当扣除：

① 同等级或者同种类货物在中国境内第一级销售环节销售时通常的利润和一般费用以及通常支付的佣金；

② 进口货物运抵境内输入地点起卸后的运输及相关费用、保险费；

③ 进口关税及国内税收。

(4) 下列各项之和：生产该货物所使用的料件成本和加工费用，向中国境内销售同等级或者同种类货物通常的利润和一般费用，该货物运抵境内输入地点起卸前的运输费及其相关费用、保险费。

(5) 以合理方式估定的价格。

(二) 出口货物完税价格确定及估定

出口货物的完税价格，同样应当由海关审查确定。海关审查基础为该货物的成交价格以及该货物运至中国境内输出地点装载前的运输及相关费用和保险费。这里的成交价格，指货物出口时卖方为出口该货物应当向买方直接和间接收取的价款总额。出口关税不计入完税价格。

如果出口的成交价格不能确定，在海关与纳税义务人磋商后估定完税价格。

估定方式依序如下：

第一，与该货物同时或者大约同时向同一国家或者地区出口的相同货物的成交价格。

第二，与该货物同时或者大约同时向同一国家或者地区出口的类似货物的成交价格。

第三，下列各项之和：境内生产相同或者类似货物的料件成本、加工费用，通常的利润和一般费用，境内发生的运输及其相关费用，保险费。

第四，以合理方法估定的价格。

四、关税应纳税额计算

中国进出口货物关税，以从价计征、从量计征或者国家规定的其他方式征收。

从价计征的计算公式为：

$$应纳税额 = 完税价格 \times 关税税率$$

从量计征的计算公式为：

$$应纳税额 = 货物数量 \times 单位税额$$

五、关税征收管理

（一）关税缴纳

一般而言，在应纳税额确定之后，纳税人应当依据税法按时足额缴纳关税。纳税义务人应当自海关填发税款缴款书之日起15日内向指定银行缴纳税款。若纳税义务人未按期缴纳税款，从滞纳税款之日起，按日加收滞纳税款万分之五的滞纳金。海关征收关税、滞纳金等，应当按人民币计征。如果进出口货物的成交价格以及有关费用以外币计价，则以中国人民银行公布的基准汇率折合为人民币计算完税价格；如果以基准汇率币种以外的外币计价，则按照国家有关规定套算为人民币计算完税价格。具体适用汇率的日期由海关总署规定。

对于纳税人因不可抗力或是国家调整税收政策而不能按期缴纳税款的情况，纳税人在依法提供税款担保之后可以延期缴纳税款，但是最长不得超过6个月。

如果纳税义务人在规定的纳税期限内有转移、藏匿其应税货物以及其他财产的明显迹象，海关可以责令纳税义务人提供担保；若纳税义务人不能提供担保，则海关可以按照《中华人民共和国海关法》第61条的规定采取税收保全措施。若纳税义务人自缴纳税款期限届满之日起超过3个月仍未缴纳税款，海关可以按照海关法第60条的规定直接采取强制措施。

如果报关企业接受纳税义务人的委托，以报关企业的名义办理报关纳税手续的，报关企业与纳税义务人承担纳税的连带责任。

（二）关税退还、补征与追征

1. 关税退还

关税退还，指关税纳税人按照海关核定的税额缴纳关税后，将溢征关税退还原纳税人的行政行为。溢征关税，即由于某种原因导致海关实际征收的关税多于应征税额。

如发生下列情形，纳税人可以在缴纳税款之日起1年内向海关申请退还关税：

（1）已征进口关税的货物，因品质或者规格原因，原状退货复运出境的；

（2）已征出口关税的货物，因品质或者规格原因，原状退货复运进境，并已重新缴纳因出口而退还的国内环节有关税收的；

（3）已征出口关税的货物，因故未装运出口，申报退关的。

纳税人申请退还关税的，应当以书面形式向海关说明理由，同时应当提供原缴款凭证及相关资料。海关应当自受理退税申请之日起30日内查实并通知纳税义务人办理退还手续，纳税义务人则应当自收到通知之日起3个月内办理有关退税手续。

此外，一般情况下，如海关发现多征税款，应当立即通知纳税义务人办理退还手续。纳税义务人若发现多缴税款的，自缴纳税款之日起1年内，可以以书面形式要求海关退还多缴的税款并加算银行同期活期存款利息；海关应当自受理退税申请之日起30日内查实并通知纳税义务人办理退还手续。纳税义务人应当自收到通知之日起3个月内办理有关退税手续。

2. 关税追征与补征

在发生短征关税的情况下，海关应当责令纳税人补缴所差税额；若短征关税由纳税人违反海关规定而造成，称为关税追征；若非因纳税人违反海关规定，则称为关税补征。所谓短征关税，即在纳税人按期缴纳关税后，海关发现实际征收税额少于应纳税额。

进出口货物放行后，如海关发现少征或者漏征税款，则应当自缴纳税款或者货物放行之日起1年内，向纳税义务人补征税款。如果是因纳税义务人违反规定造成少征或者漏征税款，海关可以自缴纳税款或者货物放行之日起3年内追征税款，并从缴纳税款或者货物放行之日起按日加收少征或者漏征税款万分之五的滞纳金。

如果报关企业接受了纳税义务人的委托，以纳税义务人的名义办理报关纳税手续，且因报关企业违反规定而造成海关少征、漏征税款，则报关企业对少征或者漏征的税款、滞纳金与纳税义务人承担纳税的连带责任。

六、关税税收优惠

（一）一般关税减免

依据进出口关税条例的规定，下列进出口货物可以免征关税：

（1）关税税额在人民币50元以下的一票货物；

（2）无商业价值的广告品和货样；

（3）外国政府、国际组织无偿赠送的物资；

（4）在海关放行前损失的货物；

（5）进出境运输工具装载的途中必需的燃料、物料和饮食用品。

如果在海关放行之前货物已经遭受损坏，则可以根据海关认定的受损程度减征关税。法律另有规定减免关税的，海关据其进行减免。

此外，部分经海关批准暂时进境或者暂时出境的货物，如果在进境或者出境时纳税义务人向海关缴纳了相当于应纳税款的保证金或者提供了其他担保，可以暂不缴纳关税，但是需要自进境或者出境之日起6个月内复运出境或者复运进境。

该类货物如下：

（1）在展览会、交易会、会议及类似活动中展示或者使用的货物；

（2）文化、体育交流活动中使用的表演、比赛用品；

（3）进行新闻报道或者摄制电影、电视节目使用的仪器、设备及用品；

（4）开展科研、教学、医疗活动使用的仪器、设备及用品；

（5）上述4项所列活动中使用的交通工具及特种车辆；

（6）货样；

（7）供安装、调试、检测设备时使用的仪器、工具；

（8）盛装货物的容器；

（9）其他用于非商业目的的货物。

经纳税义务人申请，海关可以根据海关总署的规定延长复运出境或者复运进境的期限。但如果纳税义务人未遵守该期限规定的，海关将依法征收关税。对于前述可暂时免征关税范围之外的其他暂准进境的货物，海关按照该货物的完税价格和其在境内滞留时间与折旧时间的比例计算征收进口关税，具体的征税办法由海关总署规定。

（二）特定关税减免

特定关税减免，又称政策性减免，即国家按照国际通行规则和中国实际情况制定发布的有关进出口货物减免关税的政策。特定关税减免货物一般有地区、企业和用途等相关限制，海关也会对其进行持续的管理和免税统计。

现行特定关税减免的货物主要包括：科教用品、残疾人专用品、扶贫即慈善性捐赠物资、加工贸易产品、边境贸易进口物资、报税区进出口货物、出口加工区进出口货物、进口设备、特定行业或用途的减免税政策。

（三）临时关税减免

临时关税减免，指国家根据国内生产和国际市场行情变化，确定的针对某一类或者几类商品在一定时期降低或者取消关税，是关税减免的特殊情形。

【风险提示】

1. 关于暂定税率。如果进口货物既应适用最惠国税率，又存在暂定税率，则最终应当适用暂定税率。如果进口货物本身应适用协定税率、特惠国税率，同时存在暂定税率，则应当适用其中更低的税率。普通税率进口的货物不适用暂定税率。

2. 在确定出口货物的完税价格时，出口关税不计入完税价格。

【法条指引】

中华人民共和国海关法（节录）

第六十条 进出口货物的纳税义务人，应当自海关填发税款缴款书之日起十五日内缴纳税款；逾期缴纳的，由海关征收滞纳金。纳税义务人、担保人超过三个月仍未缴纳的，经直属海关关长或者其授权的隶属海关关长批准，海关可以采取下列强制措施：

（一）书面通知其开户银行或者其他金融机构从其存款中扣缴税款；

（二）将应税货物依法变卖，以变卖所得抵缴税款；

（三）扣留并依法变卖其价值相当于应纳税款的货物或者其他财产，以变卖所得抵缴税款。

海关采取强制措施时，对前款所列纳税义务人、担保人未缴纳的滞纳金同时强制执行。

进出境物品的纳税义务人，应当在物品放行前缴纳税款。

第六十一条 进出口货物的纳税义务人在规定的纳税期限内有明显的转移、藏匿其应税货物以及其他财产迹象的，海关可以责令纳税义务人提供担保；纳税义务人不能提供纳税担保的，经直属海关关长或者其授权的隶属海关关长批准，海关可以采取下列税收保全措施：

（一）书面通知纳税义务人开户银行或者其他金融机构暂停支付纳税义务人相当于应纳税款的存款；

（二）扣留纳税义务人价值相当于应纳税款的货物或者其他财产。

纳税义务人在规定的纳税期限内缴纳税款的，海关必须立即解除税收保全措施；期限届满仍未缴纳税款的，经直属海关关长或者其授权的隶属海关关长批准，海关可以书面通知纳税义务人开户银行或者其他金融机构从其暂停支付的存款中扣缴税款，或者依法变卖所扣留的货物或者其他财产，以变卖所得抵缴税款。

采取税收保全措施不当，或者纳税义务人在规定期限内已缴纳税款，海关未立即解除税收保全措施，致使纳税义务人的合法权益受到损失的，海关应当依法承担赔偿责任。

第三章

所得税法律制度

所得税，是指以所得为征税对象，由获取所得的主体缴纳的税的总称，是一种直接税，税负不易转嫁。所得税依据纳税主体不同分为个人所得税和企业所得税。

一般而言，作为所得税征税对象的所得包括四类：

其一，经营所得。即纳税人从事生产经营活动所取得的纯收益，也称为营业利润或事业所得。

其二，劳务所得。即从事劳务活动所获取的报酬，也称为劳务报酬。

其三，投资所得。即纳税人通过直接或间接投资取得的股息、红利、特许权使用费等收入。

其四，资本利得。即纳税人因财产所有或销售获得的受益，也称财产所得。

所得税的计税依据是应税所得额，即从总所得额中扣除法定扣除项目后的余额。在所得税的征收过程中，考虑到量能纳税的原则，比例税率与累进税率并用。在税款缴纳的问题上，所得税实行总分结合的制度，即先分期预缴，再年终清算，从而保证国家财政收入需要能够得到满足。

所得税一般可分为三种基本模式，即分类所得税制、综合所得税制和分类综合所得税制。分类所得税制，即将所得依来源不同分为若干类别，对不同类别所得分别计税的制度，该种制度计税实行差别待遇，可以控制税源，但随税源逐渐增多征税成本逐渐上升。综合所得税制，指将纳税人全年各种不同来源所得综合进行法定宽免和扣除后征收所得税的制度，该种制度充分体现税收公平原则和量能纳税原则，但是征税成本较高。分类综合所得税制实行分项课征和综合课征相结合的制度，也叫混合所得税制，吸收了前两种税制的优点，且有利于降低税收成本。

第一节　企业所得税制度

【规则要点】

企业所得税，是以企业为纳税人，以企业一定时期内生产经营所得和其他所得为计税依据征收的一种税，纳税主体分为居民企业和非居民企业两类。《中华人民共和国企业所得税法实施条例》中对于征税范围进行了具体的界定。

【理解与适用】

企业所得税法，指国家制定的用以调整国家和企业所得税纳税义务人之间征纳活动中权利义务关系的法律规范的总称。目前，企业所得税征收的基本法律依据是2018年12月29日修正的《中华人民共和国企业所得税法》和2007年12月颁布的《中华人民共和国企业所得税法实施条例》。中国企业所得税实行法人所得税制，即确定企业所得税的纳税人是法人，且企业所得税税收保持中性，对企业不分所有制，不分地区、行业和层次，实行统一的比例税率。

一、企业所得税纳税主体

在中国境内，企业所得税纳税主体为企业和其他取得收入的组织。企业既包括国有企业、集体企业、私营企业等，也包括外商投资的企业和外国企业。其中，各种类型的内资企业和涉外企业是最为重要的纳税主体。其他取得收入的组织包括事业单位和社会团体等。值得注意的是，企业所得税法第1条第2款明确规定个人独资企业和合伙企业不适用该法的规定，由于个人独资企业和合伙企业的投资者承担的是无限责任或无限连带责任，故为避免重复征税，仅要求这两类企业缴纳个人所得税。要具体确定纳税主体的纳税义务，必须对纳税主体的种类进行界定。

(一) 纳税主体分类

企业所得税法将纳税主体分为居民企业和非居民企业两类。

1. 居民企业

居民企业，指依法在中国境内成立，或者依照外国（地区）法律成立但实际管理机构在中国境内的企业。所谓“依法在中国境内成立的企业”，指依照中国法律、行政法规在中国境内成立的企事业单位、社会团体以及其他取得收入的组织。依此定义，居民企业不限于国内企业。所谓“实际管理机构”，指对企业的生产经营、人员、账务、财产等进行实质性的统筹管理和控制的机构。

同时，在居民企业的划分标准上，中国兼采注册地标准和实际管理机构地标准。凡是在中国境内注册成立的企业，无论其资本来源，都是中国税法意义上的居民企业；而对于依照外国法律成立的企业，即使其本身属于外国企业，只要其从事的是跨国经营且存在中国境内的实际管理机构，则其就应当被认定为中国税法上的居民企业。

2. 非居民企业

非居民企业，是指依照外国（地区）法律成立且实际管理机构不在中国境内，但在中国境内设立机构、场所，或是在中国境内未设立机构、场所，但有来源于中国境内所得的企业。非居民企业成为中国企业所得税纳税主体的原因在于其在中国境内设立了机构、场所，或是不设境内机构、场所的情况下存在来源于境内的收入。

这里的“机构、场所”，包括以下内容：

(1) 管理机构、营业机构、办事机构；

(2) 工厂、农场开采自然资源的场所；

(3) 提供劳务的场所；

(4) 从事建筑、安装、装配、修理、勘探等工程作业的场所；

(5) 其他从事生产经营活动的场所（此处不是指设立分公司，只是一般经营活动场所）。

如果非居民企业委托营业代理人在中国境内从事生产经营活动，或是委托单位或个人经常代其签订合同，或是储存、交付货物等，则该营业代理人视为非居民企业在中国境内设立的机构和场所。

(二) 纳税义务承担

一般而言，居民企业承担无限纳税义务，应当就其来自世界各地的收入进行纳税，而非居民企业则仅承担有限纳税义务，仅就其来源于东道国境内的所得纳税。企业所得税法规定，居民企业应当就其来源于中国境内、境外的所得缴纳企业所得税。非居民企业在中国境内设立机构、场所的，应当就其所设机构、场所取得的来源于中国境内的所得，以及发生在中国境外但与其所设机构、场所有实际联系的所得，缴纳企业所得税。若非居民企业在中国境内未设立机构、场所，或者虽设立机构、场所但取得的所得与其所设机构、场所没有实际联系，则应当就其来源于中国境内的所得缴纳企业所得税。前述来源于中国境内或境外的所得，包括销售货物所得、提供劳务所得、转让财产所得、股息红利等权益性投资所得、利息所得、租金所得、特许权使用费所得、接受捐赠所得和其他所得。所谓"实际联系"，指非居民企业在中国境内设立的机构、场所拥有据以取得所得的股权、债权，以及拥有、管理、控制据以取得所得的财产等。

判断企业所得来源的性质，应当按照以下原则：

(1) 销售货物所得，按照交易活动发生地确定；

(2) 提供劳务所得，按照劳务发生地确定；

(3) 转让财产所得，不动产转让所得按照不动产所在地确定，动产转让按照转让动产的企业或者机构、场所所在地确定，权益性投资资产转让所得按照被投资企业所在地确定；

(4) 股息、红利等权益性投资所得，按照分配所得的企业所在地确定；

(5) 利息所得、租金所得、特许权使用费所得，按照负担、支付所得的企业或者机构、场所所在地确定，或者按照负担、支付所得的个人的住所地确定。

对于前述情况之外的其他所得，具体由国务院财政部和税务主管部门确定。

二、企业所得税征税范围

依据企业所得税法的规定，企业所得税的征税范围为纳税义务人从各种来源取得的收入总额，包括货币形式和非货币形式。

企业所得税的征税范围具体而言包括以下9项：

(1) 销售货物收入；

(2) 提供劳务收入；

(3) 转让财产收入；

(4) 股息、红利等权益性投资收益；

(5) 利息收入；

(6) 租金收入；

(7) 特许权使用费收入；

(8) 接受捐赠收入；

(9) 其他收入。

所谓企业取得收入的货币形式，包括现金、存款、应收账款、应收票据、准备持有至到期的债券投资以及债务的豁免等。所谓企业取得收入的非货币形式，包括固定资产、生物资产、无形资产、股权投资、存货、不准备持有至到期的债券投资、劳务以及有关权益等。企业以非货币形式取得的收入，应当按照公允价值确定收入额。

企业所得税法实施条例中对于征税范围进行了具体的界定：

(1) 销售货物收入，指企业销售商品、产品、原材料、包装物、低值易耗品以及其他存货取得的收入。

(2) 提供劳务收入，指企业从事建筑安装、修理修配、交通运输、仓储租赁、金融保险、邮电通信、咨询经纪、文化体育、科学研究、技术服务、教育培训、餐饮住宿、中介代理、卫生保健、社区服务、旅游、娱乐、加工以及其他劳务服务活动取得的收入。

(3) 转让财产收入，指企业转让固定资产、生物资产、无形资产、股权、债权等财产取得的收入。

(4) 股息、红利等权益性投资收益，指企业因权益性投资从被投资方取得的收入，除非国务院财政、税务主管部门另有规定，该项收入应当按照被投资方作出利润分配决定的日期确认收入的实现。

(5) 利息收入，指企业将资金提供他人使用但不构成权益性投资，或者因他人占用本企业资金取得的收入，包括存款利息、贷款利息、债券利息、欠款利息等收入。该项收入应当按照合同约定的债务人应付利息的日期确认收入的实现。

（6）租金收入，指企业提供固定资产、包装物或者其他有形资产的使用权取得的收入。该项收入按照合同约定的承租人应付租金的日期确认收入的实现。

（7）特许权使用费收入，指企业提供专利权、非专利技术、商标权、著作权以及其他特许权的使用权取得的收入。该项收入按照合同约定的特许权使用人应付特许权使用费的日期确认收入的实现。

（8）接受捐赠收入，是指企业接受的来自其他企业、组织或者个人无偿给予的货币性资产、非货币性资产。该项收入按照实际收到捐赠资产的日期确认收入的实现。

（9）其他收入，是指企业取得的除前述8项之外的其他收入，包括企业资产溢余收入、逾期未退包装物押金收入、确实无法偿付的应付款项、已作坏账损失处理后又收回的应收款项、债务重组收入、补贴收入、违约金收入、汇兑收益等。

除非国务院财政、税务主管部门另有规定，企业发生非货币性资产交换，或者将货物、财产、劳务用于捐赠、偿债、赞助、集资、广告、样品、职工福利或者利润分配等用途，应当视同销售货物、转让财产或者提供劳务。

企业所得税法在正面规定属于企业所得税征税范围的收入的同时，也从反面规定了收入总额中不征税部分的收入，包括3项：

其一，财政拨款。

财政拨款，指各级人民政府对纳入预算管理的事业单位、社会团体等组织拨付的财政资金，但国务院和国务院财政、税务主管部门另有规定的除外。

其二，依法收取并纳入财政管理的行政事业性收费、政府性基金。

行政事业性收费，指依照法律法规等有关规定，按照国务院规定程序批准，在实施社会公共管理，以及在向公民、法人或者其他组织提供特定公共服务过程中，向特定对象收取并纳入财政管理的费用。政府性基金指企业依照法律、行政法规等有关规定代政府收取的具有专项用途的财政资金。

其三，国务院规定的其他不征税收入。

这是指企业取得的，由国务院财政、税务主管部门规定专项用途并经国务院批准的财政性资金。

三、企业所得税税率

企业所得税法规定，企业的税率分为两类，一类是一般税率，一类是预提所得税税率。企业的一般税率为25%。所谓预提所得税，即未在中国境内设立机构、场所或是虽设立机构、场所但是其所得与其机构、场所没有实际联系的非居民企业，对于其来源于中国境内的所得缴纳的企业所得税。预提所得税税率为20%。

四、企业所得税应税所得额确定

（一）一般规定

所谓应税所得额，指企业每一纳税年度的收入总额减除不征税收入、免税收入、各项扣除以及允许弥补的以前年度亏损之后的余额。

其基本计算公式为：

应税所得额 = 收入总额 - 不征税收入 - 免税收入 -
各项扣除 - 允许弥补的以前年度亏损

1. 扣除

企业实际发生的与取得收入有关的、合理的支出，包括成本、费用、税金、损失和其他支出，准予在计算应税所得额时扣除。

成本，即企业在生产经营活动中发生的销售成本、销货成本、业务支出以及其他耗费。

费用，指企业在生产经营活动中发生的销售费用、管理费和财务费用，已经计入成本的有关费用除外。

税金，指企业发生的除企业所得税和允许抵扣的增值税以外的各项税金及其附加。

损失，指企业在生产经营活动中发生的固定资产和存货的盘亏、毁损、报废损失，转让财产损失，呆账损失，坏账损失，自然灾害等不可抗力因素造成的损失以及其他损失。

其他支出，指除成本、费用、税金、损失外，企业在生产经营活动中发生的与生产经营活动有关的、合理的支出。

依据企业所得税法的规定，对于企业发生的公益性捐赠支出，在年度利润总额12%以内的部分，可以在计算应税所得额时扣除；超过年度利润总额12%的部分，可以结转以后3年内在计算应税所得额时扣除。如果企业使用或者销售存货，那么按照规定计算的存货成本可以在计算应税所得额时扣除。若企业进行资产转让，则该项资产的净值可以在计算应税所得额时扣除。

其他准予扣除的项目，企业所得税法实施条例中进行了详细规定，包括工信支出、社保支出、特保支出、借款费用、利息支出、汇兑损失、三费支出、捐赠支出、招待支出、宣传支出、环保支出、财保支出、租赁支出和劳保支出等。

固定资产，指企业为生产产品、提供劳务、出租或经营管理而持有且使用时间超过12个月的非货币性资产，包括房屋、建筑物、机器，以及其他与生产经营活动有关的设备、器具、工具等。企业按照固定计算的固定资产折旧，在确定应税所得额时可以扣除，但是以下固定资产不得计算折旧扣除：

（1）房屋、建筑物以外未投入使用的固定资产；

（2）以经营租赁方式租入的固定资产；

（3）以融资租赁方式租出的固定资产；

（4）已足额提取折旧仍继续使用的固定资产；

（5）与经营活动无关的固定资产；

（6）单独估价作为固定资产入账的土地；

（7）其他不得计算折旧扣除的固定资产。

无形资产，指企业为生产产品、提供劳务、出租或者经营管理而持有的没有实物形态的非货币性长期资产，包括专利权、商标权、著作权、土地使用权、非专利技术、商誉等。企业按照规定计算的无形资产摊销费用，在计算应税所得额时可以扣除，但是下列无形资产不得计算摊销费用扣除：

（1）自行开发的支出已在计算应税所得额时扣除的无形资产；

（2）自创商誉；

（3）与经营活动无关的无形资产；

（4）其他不得计算摊销费用扣除的无形资产。

企业在对外投资期间，其投资资产的成本在计算应税所得额时不得扣除。其他不得扣除的支出包括：

（1）向投资者支付的股息、红利等权益性投资收益款项；

（2）企业所得税税款；

（3）税收滞纳金；

（4）罚金、罚款和被没收财物的损失；

（5）超过一定额度以外的捐赠支出；

（6）赞助支出；

（7）未经核定的准备金支出；

（8）与取得收入无关的其他支出。

2. 补亏

企业在计算应税所得额时，其境外营业机构的亏损不得抵减境内营业机构的盈利，即境内外的营业机构不得通过合并纳税来实现盈亏相抵。对于企业纳税年度中发生的亏损，准予向以后年度结转从而用以后年度的所得弥补，但是结转年限最长不得超过5年。

（二）非居民企业应税所得额计算

对于非居民企业缴纳预提所得税，应当按照以下方法计算其应税所得额：

其一，股息、红利等权益性投资收益和利息、租金、特许权使用费所得，以收入全额为应税所得额；

其二，转让财产所得，以收入全额减除财产净值后的余额为应税所得额；

其三，其他所得，参照适用前2项的方法来计算应税所得额。

对于非居民企业在中国境内设立的机构、场所，就其在境外总机构发生的与该机构、场所生产经营有关的费用，能够提供总机构出具的费用汇集范围、定额、分配依据和方法等证明文件并合理分摊的，应当准予扣除。

五、企业所得税应纳税额计算

（一）应纳税额计算方式

一般而言，企业应纳税额计算公式为：

应纳税额 = 应税所得额 × 适用税率 − 减免税额 − 抵免税额

这里的减免和抵免税额，指依照企业所得税法和国务院税收优惠规定进行减征、免征和抵免的应纳税额。

（二）税额抵免制度

税额抵免，是指居住国政府对其居民企业来自国内外的所得一律汇总征税，但允许抵扣该居民企业在国外已经缴纳的税额，从而避免国际重复征税。税额抵免可以分为直接抵免和间接抵免、全额抵免和限额抵免，中国采用的是限额抵免制度。

下列情形下，企业已经在境外缴纳的所得税税额可以从其当期应纳税额中抵免，抵免限额为该项目依照企业所得税法计算得出的应纳税额：

其一，居民企业来源于中国境外的应税所得；

其二，非居民企业在中国境内设立机构、场所，取得发生在中国境外，但与该机构、场所有实际联系的应税所得。

六、企业所得税税收优惠制度

税收优惠，指国家对某一部分特定企业和课税对象给予减轻或者免除税收负担的一种措施。企业所得税法系统地规定了税收优惠制度，主要包括税率优惠、加计扣除、所得折扣、加速折旧、减计收入、税收抵免等，同时强调了对于重点扶持和鼓励发展的产业和项目给予企业所得税的优惠。

（一）免税收入

企业所得税法中企业的免税收入主要包括以下4项：

（1）国债利息收入；

（2）符合条件的居民企业之间的股息、红利等权益性投资收益；

（3）在中国境内设立机构、场所的非居民企业从居民企业取得与该机构、场所有实际联系的股息、红利等权益性投资收益；

（4）符合条件的非营利组织的收入。

其中（2）（3）项的股息、红利等权益性投资受益，不包括连续持有居民企业公开发行并上市流通的股票不足12个月取得的投资收益。

依据企业所得税法实施条例，前述非营利组织，需要满足以下条件：

（1）依法履行非营利组织登记手续；

（2）从事公益性或者非营利性活动；

（3）取得的收入除用于与该组织有关的、合理的支出外，全部用于登记核定或者章程规定的公益性或者非营利性事业；

（4）财产及其孳息不用于分配；

（5）按照登记核定或者章程规定，该组织注销后的剩余财产用于公益性或者非营利性目的，或者由登记管理机关转赠给予该组织性质、宗旨相同的组织，并向社会公告；

（6）投入人对投入该组织的财产不保留或者享有任何财产权利；

（7）工作人员工资福利开支控制在规定的比例内，不变相分配该组织的财产。

对于非营利组织的具体认定管理办法由国务院财政、税务主管部门会同国务院有关部门制定。

（二）税收减征与免征

依据企业所得税法，企业下列所得可以免征或减征企业所得税：

1. 农、林、牧、渔业项目的所得

企业从事下列项目的所得，免征企业所得税：

（1）蔬菜、谷物、薯类、油料、豆类、棉花、麻类、糖料、水果、坚果的种植；

（2）农作物新品种的选育；

（3）中药材的种植；

（4）林木的培育和种植；

（5）牲畜、家禽的饲养；

（6）林产品的采集；

（7）灌溉、农产品初加工、兽医、农技推广、农机作业和维修等农、林、牧、渔服务业项目；

（8）远洋捕捞。

企业从事下列项目的所得，减半征收企业所得税：

（1）花卉、茶以及其他饮料作物和香料作物的种植；

（2）海水养殖、内陆养殖。

但是如企业从事的是国家限制和禁止发展的项目，则不得享受该项优惠。

2. 国家重点扶持的公共基础设施项目投资经营的所得

所谓国家重点扶持的公共基础设施项目，指《公共基础设施项目企业所得税优惠目录》规定的港口码头、机场、铁路、公路、城市公共交通、电力、水利等项目。

企业从事上述规定的国家重点扶持的公共基础设施项目的投资经营的所得，自项目取得第一笔生产经营收入所属纳税年度起，第一年至第三年免征企业所得税，第四年至第六年减半征收企业所得税。

3. 符合条件的环境保护、节能节水项目的所得

符合条件的环境保护、节能节水项目，包括公共污水处理、公共垃圾处理、沼气综合开发利用、节能减排技术改造、海水淡化等。项目的具体条件和范围由国务院财政、税务主管部门商国务院有关部门制定，报国务院批准后公布施行。

企业从事上述规定的符合条件的环境保护、节能节水项目的所得，自项目取得第一笔生产经营收入所属纳税年度起，第一年至第三年免征企业所得税，第四年至第六年减半征收企业所得税。

4. 符合条件的技术转让所得

符合条件的技术转让所得免征、减征企业所得税，是指一个纳税年度内，居民企业技术转让所得不超过人民币 500 万元的部分，免征企业所得税；超过人民币 500 万元的部分，减半征收企业所得税。

5. 非居民企业预提所得税的应税所得

非居民企业取得此规定项下的所得，减按 10% 的税率征收企业所得税。

下列所得可以免征企业所得税：

（1）外国政府向中国政府提供贷款取得的利息所得；

（2）国际金融组织向中国政府和居民企业提供优惠贷款取得的利息所得；

（3）经国务院批准的其他所得。

（三）税率优惠

一般而言，企业所得税税率为 25%，但国家为鼓励相关产业发展，规定了一些优惠税率：

1. 符合条件的小型微利企业，按照 20% 的税率征收企业所得税。

小型微利企业，指从事国家非限制和禁止行业，并符合下列条件的企业：

（1）工业企业，年度应税所得额不超过人民币30万元，从业人数不超过100人，资产总额不超过人民币3000万元；

（2）其他企业，年度应税所得额不超过人民币30万元，从业人数不超过80人，资产总额不超过人民币1000万元。

2. 国家需要重点扶持的高新技术产业，按照15%的税率征收企业所得税。

这里的高新技术企业，指拥有核心自主知识产权，并同时符合下列条件的企业：

（1）产品（服务）属于《国家重点支持的高新技术领域目录》规定的范围；

（2）研究开发费用占销售收入的比例不低于规定比例；

（3）高新技术产品（服务）收入占企业总收入的比例不低于规定比例；

（4）科技人员占企业职工总数的比例不低于规定比例；

（5）高新技术企业认定管理办法规定的其他条件。

（四）加计扣除

加计扣除，指依法在实际发生数额的基础上加成一定比例，作为计算应税所得额时的扣除数额。

依据企业所得税法，企业下列支出可在计算应税所得额时加计扣除：

1. 开发新技术、新产品、新工艺发生的研究开发费用

该费用中未形成无形资产计入当期损益的，在按照规定据实扣除的基础上，按照研究开发费用的50%加计扣除；形成无形资产的，则按照无形资产成本的150%摊销。

2. 安置残疾人员及国家鼓励安置的其他就业人员所支付的工资

具体扣除方式为在按照已经支付给残疾职工工资据实扣除的基础上，按照支付给残疾职工工资的100%加计扣除。

残疾人员的范围适用《中华人民共和国残疾人保障法》第2条的规定。

（五）所得折扣

对于创业投资企业从事国家需要重点扶持和鼓励的创业投资，可以按照投资额的一定比例扣除应税所得额。若创业投资企业采取股权投资方式

投资于上市中小高新技术企业 2 年以上，则可以按照其投资额的 70% 在股权持有满 2 年的当年抵扣该创业投资企业的应税所得额；如果当年不足抵扣，则可以在以后纳税年度结转抵扣。

（六）加速折旧

如果企业固定资产由于技术进步等原因而需要加速折旧，则可以缩短折旧年限或者采用加速折旧的方法。

所谓“可以采取缩短折旧年限或者采取加速折旧的方法的固定资产”，包括以下 2 种：

（1）由于技术进步，产品更新换代较快的固定资产；

（2）常年处于强震动、高腐蚀状态的固定资产。

若采取缩短折旧年限方法，最低折旧年限不得低于规定折旧年限的 60%；若采取加速折旧方法，则可以采取双倍余额递减法或者年数总和法。

（七）减计收入

如果企业综合利用资源，生产符合国家产业政策规定的产品，则取得的收入可在计算应税所得额时减计收入。这里的减计收入指的是企业以《资源综合利用企业所得税优惠目录》规定的资源作为主要原材料，生产国家非限制和禁止并符合国家和行业相关标准的产品取得的收入，减按 90% 计入收入总额。其中，原材料占生产产品材料的比例不得低于《资源综合利用企业所得税优惠目录》中规定的标准。

（八）税额抵免

若企业购置用于环境保护、节能节水、安全生产等专用设备，则其该项投资额可以按照一定比例进行税额抵免。这里的税额抵免，指的是如企业购置并实际使用《环境保护专用设备企业所得税优惠目录》《节能节水专用设备企业所得税优惠目录》和《安全生产专用设备企业所得税优惠目录》规定的环境保护、节能节水、安全生产等专用设备，则该专用设备的投资额的 10% 可以从企业当年的应纳税额中抵免；如果当年不足抵免，则可以在以后 5 个纳税年度结转抵免。

享受该种税额抵免的企业，必须实际购置并且自身实际投入使用上述专用设备；若该企业在 5 年内将前述专用设备转让或出租的，则应当停止享受企业所得税优惠并需要补缴已经抵免的企业所得税税款。

七、企业所得税征收管理

（一）纳税期限

企业所得税按年计征，分月或者分季预缴，年终进行汇算清缴，多退少补。所谓纳税年度，指公历每年1月1日起至12月31日。若企业在一个纳税年度中间开业，或者终止经营活动，使该纳税年度的实际经营不足12个月的，应当以其实际经营期作为一个纳税年度。企业依法清算时，其清算期间也应当作为一个纳税年度。

在企业分月或分季预缴企业所得税时，应当按照月度或者季度的实际利润预缴；按照月度或者季度的实际利润额预缴确有困难的，可以按照上一纳税年度应税所得额的月度或者季度平均额预缴，或者按照税务主管机关允许的其他方法预缴。一旦预缴方法被确定，则在该纳税年度之中不得随意变更。

企业应当自年度终了之日起5个月内向税务机关报送年度企业所得税纳税申报表，同时汇算清缴，结清应缴应退税款。若企业在年度中间终止经营活动，应当自实际经营终止之日起60日内向税务机关办理当期企业所得税汇算清缴。

（二）纳税地点

一般而言，居民企业以企业登记注册地为纳税地点，如果居民企业登记注册地在境外，则以其实际管理机构所在地为纳税地点，除非税收法律或行政法规另有规定。所谓企业登记注册地，指企业依照国家有关规定登记注册的住所地。如果居民企业在中国境内设立不具有法人资格的营业机构，则应当汇总计算并缴纳企业所得税。企业在汇总计算并缴纳企业所得税时，应当统一核算应税所得额，其具体办法由国务院财政、税务主管部门另行制定。

对于在中国设立机构、场所的非居民企业来源于中国境内的所得，或是发生于境外但与其所设机构、场所有实际联系的所得，应当以机构、场所所在地为纳税地点。若该机构、场所为2个或2个以上的，经过税务机关审核批准可以选择由主要机构、场所汇总缴纳企业所得税。

所谓主要机构、场所，应当符合以下条件：

（1）对其他各机构、场所的生产经营活动负有监督管理责任；

（2）设有完整的账簿、凭证，能够准确反映各机构、场所的收入、成本、费用和盈亏状况。

“经税务机关审核批准”，指经各机构、场所所在地税务机关的共同上级税务机关审核批准。若非居民企业经过批准汇总缴纳企业所得税后，又需要增设、合并、迁移、关闭机构、场所或者停止机构、场所业务的，应当事先由负责汇总申报缴纳企业所得税的主要机构、场所向其所在地税务机关报告。

对于未在中国设立机构、场所的非居民企业来源于中国境内的所得，或是在中国设立机构、场所的非居民企业取得的来源于中国境内但是与其机构、场所无实际联系的所得，以扣缴义务人所在地为纳税地点。

（三）源泉扣缴制度

1. 一般规定

依据企业所得税法，若非居民企业于中国境内未设立机构、场所，或者虽设立机构、场所但取得的所得与其所设机构、场所没有实际联系，则对该非居民企业的所得应缴企业所得税实行源泉扣缴制，支付人为扣缴义务人。所谓“支付人”，指依照有关法律规定或合同约定对非居民企业直接负有支付相关款项义务的单位或个人。税款由扣缴义务人在每次支付或者到期应支付时从支付或到期应支付的款项汇总扣缴。

2. 指定扣缴

非居民企业在中国境内取得工程作业和劳务所得应缴纳的企业所得税，税务机关可以指定工程价款或者劳务费的支付人为扣缴义务人。扣缴义务人应当由县级以上税务机关指定，同时告知扣缴义务人所扣税款的计算依据、计算方法、扣缴期限和扣缴方式。

指定扣缴包括以下3种情形：

（1）预计工程作业或者提供劳务期限不足一个纳税年度且有证据表明不履行纳税义务；

（2）没有办理税务登记或者临时税务登记，且并未委托中国境内代理人履行纳税义务；

（3）未按照规定期限办理企业所得税纳税申报或者预缴申报。

3. 特殊扣缴

如果扣缴义务人未依法进行扣缴或是无法履行扣缴义务，则由纳税人在所得发生地缴纳。若纳税人未依法缴纳，则税务机关可以从该纳税人在中国境内其他收入项目的支付人应付的款项中追缴该纳税人的应纳税款。若纳税人在中国境内有多处所得发生地，则其可自主选择其中之一申报缴纳企业所得税。税务机关在追缴该纳税人应纳税款时，应当将追缴理由、追缴数额、追缴期限和税款缴纳方式告知该被追缴人。

【风险提示】

1. 个人独资企业和合伙企业应当缴纳个人所得税而不是企业所得税。

2. 非居民企业在境内设立的机构、场所并不要求必须为分公司，仅要求是一定的从事生产经营活动的场所。

3. 企业在计算应税所得额时，境外营业机构的亏损不得抵减境内营业机构的盈利，即境内外营业机构不得通过合并纳税来实现盈亏相抵。

【相关案例】

浙江省某置业有限公司不服绍兴市国家税务局、浙江省国家税务局行政处罚决定案

2015 年 10 月 14 日，被告绍兴市国家税务局稽查局作出税务行政处罚决定书，其中第 3 项载明：2008 年度向关联企业提供借款应收利息合计 1246637.97 元。至检查日止，利息收入 1246637.97 元未申报纳税。该行为已构成偷税，故予以行政处罚。原告浙江省某置业有限公司认为被告作出处罚决定认定事实不清，适用法律错误。被告辩称对于原告与关联方某水泥有限公司之间的无息借款，税务机关有权进行纳税调整。

法院认为，税务机关在查明借款企业双方年度盈利及亏损情况后，结合双方企业税负情况作出调整，符合企业所得税法第 41 条第 1 款的规定。根据企业所得税法实施条例第 123 条的规定，企业与其关联方之间的业务往来，不符合独立交易原则，或者企业实施其他不具有合理商业目的的安排的，税务机关有权在该业务发生的纳税年度起 10 年内，进行纳税调整。被告绍兴市国家税务局经调查对上述事实予以确认并根据税收征收管理法第 52 条、第 63 条第 1 款的规定，认定上述事实为违法事实于法有据。浙江

省国家税务局经复议认定绍兴市国税局对该无息借款进行纳税调整，符合《特别纳税调整实施办法（试行）》第30条的规定，并无不当。故驳回原告诉讼请求。

【法条指引】

中华人民共和国企业所得税法（节录）

第十七条 企业在汇总计算缴纳企业所得税时，其境外营业机构的亏损不得抵减境内营业机构的盈利。

第四十五条 由居民企业，或者由居民企业和中国居民控制的设立在实际税负明显低于本法第四条第一款规定税率水平的国家（地区）的企业，并非由于合理的经营需要而对利润不作分配或者减少分配的，上述利润中应归属于该居民企业的部分，应当计入该居民企业的当期收入。

第二节 个人所得税制度

【规则要点】

个人所得税是以个人所得为征税对象，并且由获取所得的个人缴纳的税，属于直接税。广义的个人所得，是指个人通过各种来源获得的一切利益。

【理解与适用】

个人所得税是以个人所得为征税对象，并且由获取所得的个人缴纳的税，是一种直接税。个人所得有广义和狭义之分，狭义的个人所得仅限于每年经常、反复发生的所得，而广义的个人所得则是指个人通过各种来源获得的一切利益，不论这种利益是偶然的还是长期的，是货币形式还是实物形式。目前，中国及世界各国征收的个人所得税针对的都是广义上的个人所得。

2018年12月新修正的个人所得税法按照“逐步建立综合与分类相结合的个人所得税制”的要求，结合当前征管能力和配套条件等实际情况，将工资、薪金所得，劳务报酬所得，稿酬所得，特许权使用费所得4项劳动性所得纳入综合征税范围，适用统一的超额累进税率，居民个人按年合并计算个人所得税，非居民个人按月或者按次分项计算个人所得税。

一、个人所得税纳税主体

个人所得税纳税人，指在中国境内有住所，或者无住所但一个纳税年度内在中国境内居住累计满183天的个人，以及在中国境内无住所又不居住，或者无住所且一个纳税年度内在中国境内居住累计不满183天但是有来源于中国境内的所得的个人，包括中国公民、个体工商户以及在中国取得所得的外国人和无国籍人。判断所得是否来源于境内，不以款项支付地或取得者是境内居住为标准，而是考虑受雇活动所在地、提供个人劳务所在地、财产坐落地及资金、产权的实际运用地等因素。

依据《中华人民共和国个人所得税法实施条例》，一般而言，下列所得不论支付地点是否为境内均视为境内所得：

（1）因任职、受雇、履约等而在中国境内提供劳务取得的所得；

（2）将财产出租给承租人在中国境内使用而取得的所得；

（3）转让中国境内的建筑物、土地使用权等财产或者在中国境内转让其他财产取得的所得；

（4）许可各种特许权在中国境内使用而取得的所得；

（5）从中国境内的公司、企业以及其他经济组织或者个人取得的利息、股息、红利所得。

现行个人所得税法兼采属地原则和属人原则，按照住所和居住时间的标准将纳税人区分为居民纳税人和非居民纳税人，对居民纳税人进行完全的税收管辖，对非居民纳税人仅就其来源于中国境内的所得进行管辖。

（一）居民纳税人

居民纳税人，在中国境内有住所，或者无住所而一个纳税年度内在中国境内居住累计满183天的个人。该住所和时间标准满足其中之一即属于居民纳税人。在境内有住所的个人，指因户籍、家庭、经济利益关系而在中国境内习惯性居住的个人。所谓习惯性居住是一个法律意义上的标准，而非实际居住或者某一个特定时期内的居住，例如，个人因为学习、工作、探亲等原因消除之后，必须回到中国境内居住的，则中国为该个人的习惯性居住地。

依据居民纳税人身份确定标准的不同，可将其分为两类：一类是在中国境内定居的中国公民和外国侨民，但是不包括虽具有中国国籍但没有在内地定居而是侨居海外的华侨或是居住在中国港澳台地区的同胞；另一类是一个纳税年度内在中国境内居住累计满 183 天的外国人、海外侨胞以及中国港澳台同胞。值得注意的是，自 2000 年 1 月 1 日起，个人独资企业和合伙企业投资者成为个人所得税纳税人。

（二）非居民纳税人

非居民纳税人，指在中国境内无住所又不居住，或者无住所而一个纳税年度内在中国境内居住累计不满 183 天的个人。非居民纳税人的纳税义务为有限义务，仅就其来自中国境内的所得缴纳个人所得税。对于在中国境内无住所的个人，在一个纳税年度内在中国境内居住累计不超过 183 天的，其来源于中国境内的所得，由境外雇主支付且不由该雇主在中国境内的机构、场所负担的部分，免予缴纳个人所得税。

二、个人所得税征税范围

个人所得税法将个人所得税的征税范围分为如下 9 类内容。

（一）工资、薪金所得

工资、薪金所得，是指个人因任职或者受雇取得的工资、薪金、奖金、年终加薪、劳动分红、津贴、补贴以及与任职或者受雇有关的其他所得。

（二）劳务报酬所得

劳务报酬所得，是指个人从事劳务取得的所得，包括从事设计、装潢、安装、制图、化验、测试、医疗、法律、会计、咨询、讲学、翻译、审稿、书画、雕刻、影视、录音、录像、演出、表演、广告、展览、技术服务、介绍服务、经纪服务、代办服务以及其他劳务取得的所得。

（三）稿酬所得

稿酬所得，指个人因其作品以图书、报刊形式出版、发表而取得的所得。

（四）特许权使用费所得

特许权使用费所得，指个人提供专利权、商标权、著作权、非专利技术以及其他特许权的使用权取得的所得；提供著作权的使用权取得的所得，不包括稿酬所得。

（五）经营所得

经营所得包括以下4类：（1）个体工商户从事生产、经营活动取得的所得，个人独资企业投资人、合伙企业的个人合伙人来源于境内注册的个人独资企业、合伙企业生产、经营的所得；（2）个人依法从事办学、医疗、咨询以及其他有偿服务活动取得的所得；（3）个人对企业、事业单位承包经营、承租经营以及转包、转租取得的所得；（4）个人从事其他生产、经营活动取得的所得。

（六）利息、股息、红利所得

利息、股息、红利所得，指个人拥有债权、股权而取得的利息、股息、红利所得。

（七）财产租赁所得

财产租赁所得，指个人出租不动产、机器设备、车船以及其他财产取得的所得。

（八）财产转让所得

财产转让所得，指个人转让有价证券、股权、合伙企业中的财产份额、不动产、机器设备、车船以及其他财产取得的所得。

（九）偶然所得

偶然所得，指个人得奖、中奖、中彩以及其他偶然性质的所得。个人因参加企业的有奖销售活动取得的赠品所得，也适用“偶然所得”项目计算。偶然所得应当缴纳的个人所得税一律由发奖单位或者机构代扣代缴。

居民纳税人取得上述（一）至（四）所得，并称为综合所得，按纳税年度合并计算个人所得税；非居民纳税人取得上述（一）至（四）所得，则按月或者按次分项计算个人所得税。上述（五）至（九）内容，则直接依照个人所得税法分别计算。

三、个人所得税税率

个人所得税法兼采比例税率和超额累进税率。适用超额累进税率的项目包括综合所得和经营所得。

（一）超额累进税率

1. 对于综合所得，适用3%—45%的七级超额累进税率：

全年应税所得额	税率（%）
不超过36000元部分	3
超过36000元至144000元的部分	10
超过144000元至300000元的部分	20
超过300000元至420000元的部分	25
超过420000元至660000元的部分	30
超过660000元至960000元的部分	35
超过960000元的部分	45

该表所称全年应纳税所得额，是指依照个人所得税法第6条的规定，居民个人取得综合所得以每一纳税年度收入额减除费用6万元以及专项扣除、专项附加扣除和依法确定的其他扣除后的余额。若非居民纳税人取得工资、薪金所得，劳务报酬所得，稿酬所得和特许权使用费所得，依照该表按月换算后计算应纳税额。

2. 对于经营所得，适用5%—35%的五级超额累进税率：

全年应税所得额	税率（%）
不超过30000元部分	5
超过30000元至90000元的部分	10
超过90000元至300000元的部分	20
超过300000元至500000元的部分	30
超过500000元的部分	35

该表所称全年应纳税所得额，是指依照个人所得税法第6条的规定，以每一纳税年度的收入总额减除成本、费用以及损失后的余额。

（二）比例税率

利息、股息、红利所得，财产转让所得和偶然所得，适用比例税率，税率为20%。

对于财产租赁所得，适用20%的比例税率，但是对于个人按照市场价格出租的居民住房取得的所得，暂时适用10%的税率。

此外，自2008年10月9日起，对储蓄存款利息所得暂免征收个人所得税。

四、个人所得税应税所得额确定及应纳税额计算

（一）应税所得额确定

对于居民纳税人的综合所得，以每一纳税年度的收入额减除费用6万元以及专项扣除、专项附加扣除和依法确定的其他扣除后的余额，为应纳税所得额。这里的专项扣除，包括居民纳税人按照国家规定的范围和标准缴纳的基本养老保险、基本医疗保险、失业保险等社会保险费和住房公积金等；而专项附加扣除，则包括子女教育、继续教育、大病医疗、住房贷款利息或者住房租金、赡养老人等支出。对非居民纳税人的工资、薪金所得，以每月收入额减除费用5000元后的余额为应纳税所得额；劳务报酬所得、稿酬所得、特许权使用费所得，以每次收入额为应纳税所得额。

对于经营所得，应税所得额为每一纳税年度的收入总额减除成本、费用以及损失后的余额。所谓“成本、费用”，指纳税义务人生产、经营活动中发生的各项直接支出和分配计入成本的间接费用，以及销售费用、管理费用、财务费用。而所谓“损失”，则是纳税义务人在生产、经营活动中发生的固定资产和存货的盘亏、毁损、报废损失，转让财产损失，坏账损失，自然灾害等不可抗力因素造成的损失以及其他损失。若从事生产、经营的纳税义务人未提供完整、准确的纳税资料导致不能正确计算应税所得额，则应当由主管税务机关核定其应税所得额。

对于财产租赁所得，每次收入不超过4000元的，减除费用800元；4000元以上的，减除20%的费用，其余额为应纳税所得额。

对于财产转让所得，按照一次转让财产的收入额减除财产原值和合理费用后的余额计算纳税。

这里的财产原值，包括以下几项：

（1）有价证券，为买入价以及买入时按照规定交纳的有关费用；

（2）建筑物，为建造费或者购进价格以及其他有关费用；

（3）土地使用权，为取得土地使用权所支付的金额、开发土地的费用

以及其他有关费用；

（4）机器设备、车船，为购进价格、运输费、安装费以及其他有关费用。

若纳税义务人不能提供完整、准确的财产原值凭证导致无法正确计算财产原值，由主管税务机关核定其财产原值。而所谓“合理费用”，指卖出财产时按照规定支付的有关税费。

对于利息、股息、红利所得和偶然所得，每次收入额为应税所得额。具体而言，劳务报酬所得、稿酬所得、特许权使用费所得以收入减除20%的费用后的余额为收入额。稿酬所得的收入额减按70%计算。若个人将其所得对教育、扶贫、济困等公益慈善事业进行捐赠，捐赠额未超过纳税人申报的应纳税所得额30%的部分，可以从其应纳税所得额中扣除。如果国务院规定对公益慈善事业捐赠实行全额扣除，则以国务院规定为准。

（二）应纳税额计算

个人所得税计算公式为：

应纳税额＝应税所得额×税率

纳税义务人从中国境外取得的所得，可以从其应纳税额中抵免已在境外缴纳的个人所得税税额，但抵免额不得超过该纳税人境外所得依照个人所得税法规定计算的应纳税额。已在境外缴纳的个人所得税税额，指纳税义务人来源于中国境外的所得，依照该所得来源国家（地区）的法律应当缴纳并且实际已经缴纳的所得税税额。纳税人在申请扣除已经在境外缴纳的个人所得税税额时，应当提供境外税务机关出具的税款所属年度的有关纳税凭证。

五、个人所得税税收优惠制度

依据个人所得税法的规定，下列各项个人所得免纳个人所得税：

1. 省级人民政府、国务院部委和中国人民解放军军以上单位，以及外国组织、国际组织颁发的科学、教育、技术、文化、卫生、体育、环境保护等方面的奖金；

2. 国债和国家发行的金融债券利息；

3. 按照国家统一规定发给的补贴、津贴；

4. 福利费、抚恤金、救济金；

5. 保险赔款；

6. 军人的转业费、复员费、退役金；

7. 按照国家统一规定发给干部、职工的安家费、退职费、基本养老金或者退休费、离休费、离休生活补助费；

8. 依照有关法律规定应予免税的各国驻华使馆、领事馆的外交代表、领事官员和其他人员的所得；

9. 中国政府参加的国际公约、签订的协议中规定免税的所得；

10. 国务院规定的其他免税所得。

对于残疾、孤老人员和烈属的所得，以及因严重自然灾害造成重大损失的纳税人，可以减征个人所得税。国务院规定的其他情况，也可减税。

六、个人所得税纳税申报

个人所得税纳税申报包括两种方式，一种是纳税义务人自行申报；另一种是全员全额扣缴申报。自行申报纳税，指纳税人在税法规定的期限内，自行向税务机关申报应税所得项目和数额，如实填写纳税申报表并按照税法规定计算应纳税额，据此缴纳个人所得税。全员全额扣缴申报，是指扣缴义务人在代扣税款的次月 15 日内，向主管税务机关报送其支付所得的所有个人的有关信息、支付所得数额、扣除事项和数额、扣缴税款的具体数额和总额以及其他相关涉税信息资料。

（一）申报范围

一般而言，纳税人办理纳税申报包括以下 7 种情形：

1. 取得综合所得需要办理汇算清缴；

2. 取得应税所得没有扣缴义务人；

3. 取得应税所得，扣缴义务人未扣缴税款；

4. 取得境外所得；

5. 因移居境外注销中国户籍；

6. 非居民个人在中国境内从两处以上取得工资、薪金所得；

7. 国务院规定的其他情形。

取得综合所得需要办理汇算清缴，主要包括以下 4 种情形：（1）从两处以上取得综合所得，且综合所得年收入额减除专项扣除的余额超过 6 万元；（2）取得劳务报酬所得、稿酬所得、特许权使用费所得中一项或者多项所得，且综合所得年收入额减除专项扣除的余额超过 6 万元；（3）纳税年度内预缴税额低于应纳税额；（4）纳税人申请退税。如果纳税人申请退税，应当提供其在中国境内开设的银行账户，并在汇算清缴地就地办理税款退库。具体办法由国务院税务主管部门制定。

对于扣缴义务人而言，应当按照纳税人提供的信息计算办理扣缴申报，不得擅自更改纳税人提供的信息。居民个人取得工资、薪金所得时，可以向扣缴义务人提供专项附加扣除有关信息，由扣缴义务人扣缴税款时减除专项附加扣除。纳税人同时从两处以上取得工资、薪金所得，并由扣缴义务人减除专项附加扣除的，对同一专项附加扣除项目，在一个纳税年度内只能选择从一处取得的所得中减除。

（二）申报期限

1. 自行申报

对于纳税人取得的经营所得，按年计算个人所得税，由纳税人在月度或者季度终了后 15 日内向税务机关报送纳税申报表，并预缴税款；在取得所得的次年 3 月 31 日前办理汇算清缴。

若纳税人取得应税所得但没有扣缴义务人，则应当在取得所得的次月 15 日内向税务机关报送纳税申报表，并缴纳税款。若纳税人取得应税所得，扣缴义务人并未扣缴税款，则纳税人应当在取得所得的次年 6 月 30 日前，缴纳税款；税务机关通知限期缴纳的，纳税人应当按照期限缴纳税款。

2. 扣缴义务人申报

对于居民纳税人取得综合所得，应当按年计算个人所得税。若有扣缴义务人，应当按月或者按次预扣预缴税款；需要办理汇算清缴的，应当在取得所得的次年 3 月 1 日至 6 月 30 日内办理汇算清缴。预扣预缴办法由国务院税务主管部门制定。

对于纳税人取得的利息、股息、红利所得，财产租赁所得，财产转让所得和偶然所得，按月或者按次计算个人所得税；若有扣缴义务人，则由扣缴义务人按月或者按次代扣代缴税款。

扣缴义务人每月或者每次预扣、代扣的税款，应当在次月 15 日内缴入国库，并向税务机关报送扣缴个人所得税申报表。

对于居民纳税人从中国境外取得所得，纳税期限为取得所得的次年

3 月 1 日至 6 月 30 日；对于非居民纳税人在中国境内从两处以上取得工资、薪金所得，纳税期限为取得所得的次月 15 日内。

【风险提示】

对于在中国境内无住所的个人，在一个纳税年度内在中国境内居住累计不超过 183 天的，其来源于中国境内的所得，由境外雇主支付并且不由该雇主在中国境内的机构、场所负担的部分，免予缴纳个人所得税。

【法条指引】

中华人民共和国个人所得税法（节录）

第一条 在中国境内有住所，或者无住所而一个纳税年度内在中国境内居住累计满一百八十三天的个人，为居民个人。居民个人从中国境内和境外取得的所得，依照本法规定缴纳个人所得税。

在中国境内无住所又不居住，或者无住所而一个纳税年度内在中国境内居住累计不满一百八十三天的个人，为非居民个人。非居民个人从中国境内取得的所得，依照本法规定缴纳个人所得税。

纳税年度，自公历一月一日起至十二月三十一日止。

第三条 个人所得税的税率：

（一）综合所得，适用百分之三至百分之四十五的超额累进税率（税率表附后）；

（二）经营所得，适用百分之五至百分之三十五的超额累进税率（税率表附后）；

（三）利息、股息、红利所得，财产租赁所得，财产转让所得和偶然所得，适用比例税率，税率为百分之二十。

第四章

财产税法律制度

财产税，指以纳税人拥有或支配的应税财产为征税对象的税，是一种直接税。作为财产税征税对象的财产并不是广义上的人类所创造的各种物质财富、非物质财富以及自然资源，而是某些特定的财产。财产税主要是对于使用和消费过程中的财产进行征收，而非对生产和流通领域的财产征收，故税负不易转嫁。其本身是一种辅助性税种，且由于其税源分散的特点而一般属于地方税，是地方财政收入的主要来源。

财产税可以划分为不同类别。依据征税范围不同，财产税可分为一般财产税和特别财产税，二者征税方式也存在不同。一般财产税，又被称为综合财产税，是对纳税人的全部财产进行综合计征的财产税，但征税时一般要考虑日常生活必需品的免税和负债的扣除等。特别财产税，也称个别财产税或者特种财产税，是对于纳税人的一种或者几种财产单独或合并征收的财产税，如对房屋征收的房产税，征税时一般不需要考虑免税和扣除。依据征税时财产权利的状态，可将财产税分为静态财产税和动态财产税。静态财产税是指对纳税人在某一时期内所持有或者支配的权利未发生变动的静态财产按照其数量或价格进行征收的税。动态财产税则是指对纳税人一定时期内权利发生转移、变动的财产按照其财产转移价值或增值额征收的税。此外，依据征税环节的不同，可以分为一般财产税、财产转让税和财产收益税；依据征税方式的不同，可以分为从量财产税和从价财产税。

第一节 房产税法

【规则要点】

房产税，指以房屋为征税对象，按房屋的计税余值或租金收入为计税依据，向产权所有人或使用人征收的一种财产税，一般按年征收，分期缴纳，适用比例税率。房产税纳税主体为房屋产权所有人或房屋使用人，征税对象是中国境内用于生产经营的房屋。

【理解与适用】

房产税，指以房屋为征税对象，按房屋的计税余值或租金收入为计税依据，向产权所有人或使用人征收的一种财产税，一般按年征收，分期缴纳。房产税法是国家指定的用以调整房产税征收与缴纳之间权利与义务关系的法律规范。现行的房产税法律依据为国务院 2011 年 1 月 8 日修订的《中华人民共和国房产税暂行条例》。

一、房产税纳税主体

房产税纳税主体为房屋产权所有人或房屋使用人。若房屋归属于全民所有，则由经营管理的单位缴纳房产税；若房屋已经出典，则由承典人缴纳。出典，指产权所有人将房屋、生产资料等财产的产权在一定期限内典当给他人使用从而取得资金，是一种融资业务。若产权所有人、承典人不在房产所在地，或是产权未确定以及租典纠纷未解决，则由房产代管人或使用人缴纳房产税。如纳税单位和个人无租使用房产管理部门、免税单位以及纳税单位的房产，则应当由使用人代为缴纳房产税。

值得注意的是，自 2009 年 1 月 1 日起，外商投资企业、外国企业和组织以及外籍个人也需要依据房产税暂行条例缴纳房产税。

二、房产税征税对象及征税范围

房产税的征税对象是中国境内用于生产经营的房屋。所谓“用于生产经营的房屋”，指有屋面和围护结构，可遮风避雨，供人们在其中生产、工作、学习、娱乐、居住或储藏物资的场所。对于房地产开发企业建造的商品房，在出售之前是不需要缴纳房产税的，但是若在出手前房地产开发企业已经对商品房进行了使用、出租或者出借，则该特定商品房应当依法缴纳房产税。

房产税在城市、县城、建制镇和工矿区进行征收。城市，指国务院批准设立的市；县城，指县人民政府所在地区；建制镇须经省、自治区、直辖市人民政府批准设立；工矿区则是指工商业较为发达且人口比较集中，能够符合国务院规定的建制镇标准但是尚未设立建制镇的大中型工矿企业所在地。如对工矿区开征房产税，还需要经过省、自治区、直辖市人民政府的批准。

三、房产税税率

中国现行房产税实行比例税率。房产税计税方式包括从价计征和从租计征两种。若从价计征，则依照房产原值一次减除 10% 依照房产余值计算缴纳，则税率为 1.2%。若房屋出租，则依照房产租金收入计算缴纳，税率为 12%。

四、房产税应纳税额计算

（一）计税依据确定

房产税暂行条例规定，房产税计税依据为房产原值一次减除 10% 到 30% 的余值，具体减除幅度由省、自治区、直辖市人民政府规定。若没有房屋原值作为依据，则由房产所在地税务机关参考同类房产核定。所谓房产原值，指纳税人按照会计制度在账簿“固定资产”科目中记载的房屋原价。在确定房产原值时，应当包括与房屋不可分割的各种附属设备或一般不单独计算价值的配套设施。

若房屋出租，则应当以房产租金收入作为房产税的计税依据。房产租金，即房产所有人通过出租房产取得的货币收入和实物收入。以劳务或其他形式为报酬抵付房租收入，则应当根据当地同类房产租金水平来确定标准租金额。

此外，在国家税务总局的系列批复中，关于计税依据的确定，还有以下问题值得注意：

其一，对于投资联营的房产，在计征房产税时应予以区别对待。

若以房产投资联营、投资者参与投资利润分红、共担风险，则按房产的计税余值作为计税依据计征房产税；若以房产投资收取固定收入、不承担联营风险、但实际是以联营名义取得房产租金，则由出租方按照租金收入计算缴纳房产税。

其二，融资租赁的房产应当由承租人自融资租赁合同约定开始日的次月起依照房产余值缴纳房产税。

若合同未约定开始日，则由承租人自合同签订的次月起依照房产余值缴纳房产税。

其三，对于居民住宅区内业主共有的经营性房产，应当由实际经营的代管人或使用人缴纳房产税。

实际经营包括自营和出租两种情况。若进行自营，依照房产原值减除10%—30%后的余值计征，没有房产原值或者不能将共有住房划分开则由房产所在地地方税务机关参照同类房产核定房产原值。若进行出租，则依照租金收入计征。

其四，出租地下建筑则按照出租地上房屋建筑有关规定计征房产税。

其五，出租使用其他单位房产的应税单位和个人应当依照房产余值代缴房产税。

（二）应纳税额计算

1. 从价计征

若采用从价计征方式计算房产税，应当按房产原值减除10%—30%后的余额计征。

计算公式为：

应纳税额 = 应税房产原值 ×（1 − 扣除比例）×1.2%

对于工业用途的地下建筑物，房产原值为房屋原价的50%—60%；商业和其他用途的地下建筑物，房产原值为房屋原价的70%—80%。扣除比例具体由省、自治区、直辖市的人民政府根据当地的实际情况确定。

2. 从租计征

从租计征即按照房产的租金收入计征。

计算公式为：

应纳税额 = 租金收入 ×12%

五、房产税税收优惠制度

依据房产税暂行条例，下列房产免纳房产税：

其一，国家机关、人民团体、军队自用房产。

所谓“自用房产”，即单位本身的办公用房和公务用房。但是免税单位的出租房产以及非自身业务使用的生产、营业用房不属于免税范围。

其二，由国家财政部门拨付事业经费的单位自用的房产。

如学校、医疗卫生单位、托儿所、幼儿园、敬老院、文化艺术等实行全额或差额预算管理的事业单位所有且用于本身业务范围使用的房产。但是不包括前述单位的附属工厂、商店、招待所等用的房产。

其三，宗教寺庙、公园、名胜古迹自用的房产。

宗教寺庙自用房产指举行宗教仪式等的房屋和宗教人员使用的生活用房屋。公园、名胜古迹自用房产指供公共参观游览的房屋及其管理单位的办公用房。前述单位的附设营业单位如影剧院、茶社、照相馆等不在免税之列。

其四，个人所有非营业用房产。

主要指居民用房而不论面积大小。个人营业用房或出租房产不属于免税范围。

其五，经财政部批准免税的其他房产。

六、房产税征收管理

（一）纳税义务发生时间

若纳税人将原有房屋用于生产经营，则自生产经营之月起缴纳房产税；若纳税人将自建房屋用于生产经营，则自建成之次月起缴纳房产税；若纳税人委托施工企业建设房屋，则应当自办理验收手续之日的次月起缴纳房产税，但如果新建房屋在办理验收手续之前已经使用或者出租、出借，则应在开始使用的当月起按规定缴纳房产税。

纳税人购置新建商品房的，应当自房屋交付使用的次月起缴纳房产税。如纳税人购置存量房，应当自办理房屋权属转移、变更登记手续后房地产权属登记机关签发房屋权属证书之次月起缴纳房产税。

如纳税人出租、出借房产，则自交付出租、出借房产之次月起缴纳房产税。纳税人是房地产开发企业，对其自用、出租、出借其建造的商品房的，应当自房屋使用或交付的次月开始缴纳房产税。

（二）纳税期限

如前所述，房产税实行的是按年计算、分期缴纳的征收方法，其具体纳税期限在房产税暂行条例中并未明确规定，而是由省、自治区、直辖市人民政府确定。

（三）纳税地点

纳税人应当依法将现有房屋的坐落地点、结构、面积、房产原值、租金收入的基本情况如实向当地税务主管机关办理纳税申报。房产税应当在房产所在地缴纳。若房产不在同一地点，则应当按照房产坐落地点分别向房产所在地的税务机关纳税。

【风险提示】

1. 自 2009 年 1 月 1 日起，外商投资企业、外国企业和组织以及外籍个人也需要依据房产税暂行条例缴纳房产税。

2. 一般而言，纳税人委托施工企业建设房屋，应当自办理验收手续之日的次月起缴纳房产税，但如果新建房屋在办理验收手续之前已经使用或者出租、出借，则应在开始使用的当月起按规定缴纳房产税。

【相关案例】

深圳高新区开发建设有限公司与深圳市南山区地方税务局不服税务管理加收滞纳金处罚案

原告深圳高新区开发建设有限公司是深圳软件园西区 9 栋—14 栋房产的 100% 权利人，该 9 栋—14 栋房产的竣工日期均为 2008 年 3 月 19 日。2013 年 5 月 16 日，原告向被告提交了《深圳市地方税务局纳税人减免税（费）申请表》及相关材料，就上述深圳软件园西区 9 栋—14 栋房产向被告申请 3 年房产税免征备案，被告于当日受理。2013 年 5 月 29 日，被告作出深地税南备（2013）581 号《税务事项通知书》并送达原告。2013 年 5 月 29 日，原告就上述房产向被告提交 2011 年 4 月 1 日至 2013 年 3 月 31

日的纳税申报表。2013 年 5 月 29 日至 30 日，原告向被告缴纳了上述房产 2011 年 4 月 1 日至 2013 年 3 月 31 日期间的房产税款 6529337.6 元，并缴纳了相应滞纳金 1129167.32 元和罚款 6400 元。原告不服被告作出的征收欠缴税款滞纳金并罚款的具体行政行为，认为被告宣传内容误导原告。

另查，2002 年 3 月，被告曾印制并发放《深圳市地方税务局税收宣传资料之四房产税》，该宣传资料第 51 条载明：在办理免税手续时，先办理免税 3 年手续。期满后仍被认定为高新技术企业和高新技术项目的，再办理免税 2 年手续。2002 年 4 月 4 日，广东省人民政府办公厅转发了《国务院办公厅关于对部分地区违规制定先征后返等减免税政策问题的通报》。

《中华人民共和国房产税暂行条例》第 7 条规定，房产税按年征收、分期缴纳。纳税期限由省、自治区、直辖市人民政府规定。《广东省房产税施行细则》第 9 条规定，房产税按年征收，分期缴纳。具体的缴纳期限，由市、县税务局规定。《深圳经济特区房产税实施办法》第 3 条规定，房产税由产权所有人缴纳……第 7 条规定，房产税按年计征，分季缴纳。纳税人应于每季末月（三、六、九、十二月）缴纳房产税……第 10 条规定，纳税人变更地址、产权转移、新建或购置房屋……应于变更、转移、竣工、购进、开业、出租、停租之日起三十天内，向房产所在地税务机关申报登记。深圳市地方税务局于 2011 年 11 月发布《深圳税务登记、申报征收业务变化须知》，其中关于按季度、半年度申报缴款的税种规定如下：统一在每季度或者半年度终了之日起 15 日内申报缴款。

法院认为，本案争议的焦点是被告向原告加收滞纳金的行为以及滞纳金的计算方式是否合法。综合上述法律、法规以及规章等规定，涉案房产自建成之月起免纳房产税 3 年，故被告针对原告申请就涉案房产办理房产税免税备案登记，符合法律规定。被告要求原告缴纳涉案房产 2011 年 4 月 1 日至 2013 年 3 月 31 日的房产税，亦有事实和法律依据。房产税按年计征，分季缴纳，即涉案房产 2011 年 4 月 1 日起产生的房产税，原告依法应当在当年规定的纳税申报期限进行申报，而原告于 2013 年 5 月 29 日才向税务机关申报纳税，依法应当缴纳相应滞纳金。被告从 2011 年 7 月 16 日起开始计算滞纳金，并计至原告申报纳税之日（2013 年 5 月 29 日），符合上述规定，并无不当。关于原告提出的税务机关在税收宣传中存在明显过错导致原告逾期缴纳税款的意见，本院经审理认为，根据规定，纳税人认为自己符合免税条件的，应当向税务机关书面申请办理免税手续，而不能自行减免。涉案税收宣传资料的印制时间是2002年3月，其中第51条关于免征房产税的规定符合当时的政策，但该第51条也明确告知纳税人应当办理免税手续方可享受免税待遇，涉案房产自2008年4月1日起已经产生纳税义务，原告即使认为自己应当享受5年的房产税免征待遇也应依法在法定期限办理免税备案手续，原告在其名下的房产产生纳税义务后第5年才向税务机关申请免税备案，可见是因为原告的自身原因才导致涉案税款未及时缴纳，其情况不符合税收征收管理法关于“不得加收滞纳金”规定的情形，由此产生的滞纳金理应由原告自行承担。原告的前述主张，没有事实依据。故驳回原告诉求。

【法条指引】

中华人民共和国房产税暂行条例（节录）

第二条　房产税由产权所有人缴纳。产权属于全民所有的，由经营管理的单位缴纳。产权出典的，由承典人缴纳。产权所有人、承典人不在房产所在地的，或者产权未确定及租典纠纷未解决的，由房产代管人或者使用人缴纳。

前款列举的产权所有人、经营管理单位、承典人、房产代管人或者使用人，统称为纳税义务人（以下简称纳税人）。

第二节　契税法

【规则要点】

契税是因土地、房屋权属发生移转变更而在当事人之间订立契约时，由产权承受人缴纳的一种财产税，是一种动态财产税，计税依据为不动产价格。契税纳税主体为中国境内转移土地、房屋权属过程中承受土地使用权、房屋所有权的单位和个人。契税征税范围主要包括国有土地使用权出让、土地使用权转让、房屋买卖、房屋赠与和房屋交换。

【理解与适用】

契税是因土地、房屋权属发生移转变更而在当事人之间订立契约时，由产权承受人缴纳的一种财产税，是一种动态财产税。所谓土地、房屋权属，指土地使用权、房屋所有权。契税法则是国家制定用来调整契税征收与缴纳之间的权利义务关系的法律规范。目前的契税法主要为国务院颁布的自1997年10月1日起施行的《中华人民共和国契税暂行条例》和财政部颁布的自1997年10月1日起施行的《中华人民共和国契税暂行条例细则》。

一、契税纳税主体

契税纳税主体为中国境内转移土地、房屋权属过程中承受土地使用权、房屋所有权的单位和个人。单位，指企事业单位、国家机关、军事单位、社会团体以及其他组织。个人，指个体经营者和其他个人。涉外企业及外籍个人也是契税的纳税主体。

二、契税征税范围

契税征税范围主要包括以下行为：

（一）国有土地使用权出让

国有土地使用权出让指土地使用者向国家交付土地使用权出让费用，而国家将国有土地使用权在一定年限内让与土地使用者的行为。此时契税以出让金为依据计算，但是不得因减免土地出让金而减免契税。

（二）土地使用权转让

土地使用权转让包括出售、赠与和交换，但是不包括农村集体土地承包经营权的转移。这里的转让，指土地使用者以出售、赠与、交换或者其他方式将土地使用权转移给其他单位和个人的行为。

（三）房屋买卖

房屋买卖，即房屋所有者将房屋出售，受让者交付货币、实物、无形资产或者其他经济利益的行为。

（四）房屋赠与

房屋赠与，即房屋所有者将其房屋无偿转让给受赠者的行为。

（五）房屋交换

房屋交换，即房屋所有者之间相互交换房屋的行为。

土地、房屋权属若以下列方式转移，同样应当视为土地使用权转让、房屋买卖或者房屋赠与而进行征税：

一是土地、房屋权属作价投资、入股；

二是以土地、房屋权属抵债；

三是以获奖方式承受土地、房屋权属；

四是以预购方式或者预付集资建房款方式承受土地、房屋权属。

三、契税税率

契税实行3%—5%的幅度税率。具体税率由省、自治区、直辖市人民政府在幅度范围内按照本地区的实际情况确定，确定后需要报财政部和国家税务总局备案。

对于房屋附属设施，若承受的房屋附属设施权属为单独计价，则应当按照当地确定的适用税率征收契税；若承受的房屋附属设施与房屋统一计价，则适用与房屋相同的契税税率。

四、契税应纳税额计算

（一）计税依据

契税计税依据为不动产价格，依具体情况可能是成交价格、核定价格或者价格差额。

具体情形如下：

1. 对于国有土地使用权出让、土地使用权出售或房屋买卖，计税依据为成交价格。

成交价格指土地、房屋权属转移合同确定的价格，包括承受者应当支付的货币、实物、无形资产或其他经济利益。

2. 对于土地使用权赠与或房屋赠与，由征收机关参照土地使用权出售、房屋买卖的市场价格核定计税依据。

3. 对于土地使用权交换或房屋交换，计税依据为所交换的土地使用权、房屋价格的差额。

若交换价格相等，则免予征收契税。若交换价格不等，则由多交付经济利益一方缴纳契税。在前述情况下，若成交价格明显低于市场价格或是所交换土地使用权、房屋的价格差额明显不合理，且交易双方无法提供正当理由，则可以由征收机关参照市场价格核定计税依据。

对于通过划拨方式取得土地使用权后又经批准转让房地产的情况，应当由房地产转让者补交契税，其计税依据为补交的土地使用权出让费用或土地收益。

对于房屋附属设施，若采用分期付款方式购买房屋附属设施土地使用权或房屋所有权，应按合同规定的总价款征收契税。

（二）应纳税额计算

契税计算基本公式为：

$$应纳税额 = 计税依据 \times 税率$$

应纳税额以人民币计算。若转让土地、房屋权属以外汇结算，则按照纳税义务发生之日中国人民银行公布的人民币市场汇率中间价折合成人民币计算。

五、契税税收优惠制度

依据《中华人民共和国契税暂行条例细则》，以下项目可以减免契税：

1. 对于国家机关、事业单位、社会团体、军事单位承受土地以及房屋用于办公、教学、医疗、科研和军事设施的情况，可免征契税。

这里的“承受”，指以受让、购买、受赠、交换等方式取得土地、房屋权属的行为。

“用于办公的”，是指办公室（楼）以及其他直接用于办公的土地、房屋。

“用于教学的”，是指教室（教学楼）以及其他直接用于教学的土地、房屋。

“用于医疗的”，是指门诊部以及其他直接用于医疗的土地、房屋。

“用于科研的”，是指科学试验的场所以及其他直接用于科研的土地、房屋。

“用于军事设施的”，是指：

（1）地上和地下的军事指挥作战工程；

（2）军用的机场、港口、码头；

（3）军用的库房、营区、训练场、试验场；

（4）军用的通信、导航、观测台站；

（5）其他直接用于军事设施的土地、房屋。

其他直接用于办公、教学、医疗、科研的以及其他直接用于军事设施的土地、房屋的具体范围，由省、自治区、直辖市人民政府确定。

2. 若城镇职工按规定第一次购买公有住房，则可免征契税。

所谓“第一次购买公有住房”，指经过县级以上人民政府批准在国家规定标准面积以内首次购买公有住房。对于超过标准面积的部分，仍然应该按照规定缴纳契税。

3. 若因不可抗力灭失住房导致重新购买住房，可酌情准予减征或者免征。

不可抗力，是指自然灾害、战争等不能预见、不能避免并且不能克服的客观情况。

4. 若土地、房屋被县级以上人民政府征用、占用后，又重新承受土地、房屋权属，其是否减征或者免征契税由省、自治区、直辖市人民政府确定。

5. 如果纳税人承受荒山、荒沟、荒丘、荒滩土地使用权后用于农、林、牧、渔业生产，则可免征契税。

6. 依照中国有关法律规定以及中国缔结或参加的双边和多边条约或协定的规定应当予以免税的外国驻华使馆、领事馆、联合国驻华机构及其外交代表、领事官员和其他外交人员承受土地、房屋权属的情况下，经由外交部确认，可以免征契税。

除此之外，个人购买自有普通住宅暂减半征税。

若纳税人符合减征或者免征契税的规定，则应当在签订土地、房屋权属转移合同后10日内向土地、房屋所在地的契税征收机关办理减征或者签证契税手续。如果经批准减免契税的纳税人改变有关土地、房屋的用途，不再适用减免范围的，应当补缴已经减征或者免征的税款。

六、契税征收管理

契税征税机关为土地、房屋所在地的地方税务机关，具体征收机关由省、自治区、直辖市人民政府确定。自2005年1月起，各级税务机关直接征收契税，不再委托其他单位代征。对于向土地管理部门、房产管理部门办理土地、房屋权属变更登记手续的主体，应当持有契税完税凭证和其他规定的文件材料。若未出具契税完税凭证，则不予办理。

（一）纳税义务发生时间

契税纳税义务发生时间为纳税人签订土地、房屋权属转移合同的当天，或是纳税人取得其他具有土地、房屋权属转移合同性质凭证的当天。若纳税人因改变土地、房屋用途应当补缴已经减免的税款，则纳税义务发生时间为改变有关土地、房屋用途的当天。所谓“其他具有土地、房屋权属转移合同性质凭证”，指具有合同效力的契约、协议、合约、单据、确认书以及由省、自治区、直辖市人民政府确定的其他凭证。

（二）纳税期限

纳税人应当在纳税义务发生之日起10日内向土地、房屋所在地的契税征收机关办理纳税申报，填写《契税纳税申报表》，并在契税征收机关核定的期限内缴纳税款。纳税人办理纳税事宜之后，契税征收机关应当向纳税义务人开具契税完税凭证。

【风险提示】

1. 在确定契税计税依据时，如果交易双方成交价格明显低于市场价格或者是所交换土地使用权以及房屋的价格差额明显不合理且交易双方无法提供合理理由，则征收机关有权参照市场价格核定计税依据。

2. 城镇职工按规定第一次购买公有住房的免税范围仅限于国家规定的标准面积，对于超过标准面积的部分，仍然应当按照税法规定缴纳契税。

3. 向土地管理部门、房产管理部门办理土地、房屋权属变更登记手续的主体，应当持有契税完税凭证以及其他规定的文件材料。对于无法出具契税完税凭证的，主管部门不予办理。

【法条指引】

中华人民共和国契税暂行条例（节录）

第三条 契税税率为3—5%。

契税的适用税率，由省、自治区、直辖市人民政府在前款规定的幅度内按照本地区的实际情况确定，并报财政部和国家税务总局备案。

第七条 经批准减征、免征契税的纳税人改变有关土地、房屋的用途，不再属于本条例第六条规定的减征、免征契税范围的，应当补缴已经减征、免征的税款。

第十一条 纳税人应当持契税完税凭证和其他规定的文件材料，依法向土地管理部门、房产管理部门办理有关土地、房屋的权属变更登记手续。

纳税人未出具契税完税凭证的，土地管理部门、房产管理部门不予办理有关土地、房屋的权属变更登记手续。

第三节 车船税法

【规则要点】

车船税，指国家对于行使于中国境内公共道路的车辆和航行于中国境内河流、湖泊，或领海口岸的船舶征收的税。车船税的纳税主体为中国境内车辆、船舶的所有人或者管理人，征税范围是依法应当在车船登记管理部门登记的机动车辆和船舶以及依法不需要在车辆登记管理部门登记的在单位内部场所行驶或者作业的机动车辆和船舶。车船税采用定额税率，即对征税的车船规定单位固定税额。

【理解与适用】

车船税，指国家对于行使于中国境内公共道路的车辆和航行于中国境内河流、湖泊，或领海口岸的船舶征收的税。车船税法是国家制定的调整国家与车船税纳税人之间征纳活动的权利义务关系的法律规范。现行车船税的法律规范主要是 2011 年 2 月 25 日第十一届全国人民代表大会常务委员会第十九次会议通过的并于 2019 年修正的《中华人民共和国车船税法》和国务院 2011 年 12 月 5 日公布的并于 2019 年修正的《中华人民共和国车船税法实施条例》。车船税可以为地方政府筹集财政资金，调节贫富差距。

一、车船税纳税主体

车船税的纳税主体为中国境内车辆、船舶的所有人或者管理人。所谓管理人，指对车船具有管理使用权但不具有所有权的单位。若车船的所有人或者管理人未缴纳车船税，则应当由其使用人代缴。

二、车船税征税范围

车船税的征税范围是依法应当在车船登记管理部门登记的机动车辆和船舶，以及依法不需要在车辆登记管理部门登记的在单位内部场所行驶或者作业的机动车辆和船舶。这里的车辆指机动车辆，包括乘用车、商用车、半挂牵引车、三轮汽车、低速载货汽车、挂车、专用作业车、轮式专用机械车和摩托车。船舶则包括各类机动、非机动船舶和其他水上移动装置。

三、车船税税率

车船税采用定额税率，即对征税的车船规定单位固定税额。所谓定额税率，是税率的一种特殊形式，适用于从量计征的税种。一般而言，非机动车船税负轻于机动车船，人力车税负轻于畜力车，小吨位船舶税负轻于大船舶。具体税额见下表：

车船税税目税额表

税目		计税单位	年基准税额	备注
乘用车［按发动机汽缸容量（排气量）分档］	1.0 升（含）以下的	每辆	60 元至 360 元	核定载客人数 9 人（含）以下
	1.0 升以上至 1.6 升（含）的		300 元至 540 元	
	1.6 升以上至 2.0 升（含）的		360 元至 660 元	
	2.0 升以上至 2.5 升（含）的		660 元至 1200 元	
	2.5 升以上至 3.0 升（含）的		1200 元至 2400 元	
	3.0 升以上至 4.0 升（含）的		2400 元至 3600 元	
	4.0 升以上的		3600 元至 5400 元	

（续表）

税目		计税单位	年基准税额	备注
商用车	客车	每辆	480 元至 1440 元	核定载客人数 9 人以上，包括电车
	货车	整备质量每吨	16 元至 120 元	包括半挂牵引车、三轮汽车和低速载货汽车等
挂车		整备质量每吨	按照货车税额的 50% 计算	
其他车辆	专用作业车	整备质量每吨	16 元至 120 元	不包括拖拉机
	轮式专用机械车		16 元至 120 元	
摩托车		每辆	36 元至 180 元	
船舶	机动船舶	净吨位每吨	3 元至 6 元	拖船、非机动驳船分别按照机动船舶税额的 50% 计算
	游艇	艇身长度每米	600 元至 2000 元	

四、车船税应纳税额计算

（一）计税依据

鉴于车船税征税对象的特点，其计税标准分别为辆、整备质量每吨、净吨位、长度。“辆”主要适用于乘用车、商用车客车、摩托车；“整备质量每吨”适用于货车、挂车、专用作业车、轮式专用机械车；“净吨位”主要适用于机动船舶的计税；“长度”则主要适用于游艇的计税。

（二）应纳税额

根据车船税从量定额计税的特征，其计算公式为：

应纳税额＝计税依据×适用税率

对于购置的新车船，购置当年的应纳税额自纳税义务发生的当月起按月计算，计算公式为：

应纳税额＝（年应纳税额/12）×应纳税月份

五、车船税税收优惠制度

依据车船税法，下列车船可减征或免征车船税：

其一，捕捞、养殖渔船。

捕捞、养殖渔船指在渔业船舶登记管理部门登记为捕捞船或是养殖船的船舶。

其二，军队、武装警察部队的车船。

军队、武装警察部队的车船指按照规定在军队、武装警察部队车船管理部门登记并领取军队、武警牌照的车船。

其三，警用车船。

警用车船指公安机关、国家安全机关、监狱、劳动教养管理机关和人民法院、人民检察院领取警用牌照的车辆和执行警务的专用船舶。

其四，依照法律规定应当予以免税的外国驻华使领馆、国际组织驻华代表机构及其有关人员的车船。

其五，对节约能源、使用新能源的车船可以减征或者免征车船税。

节约能源、使用新能源的车辆包括纯电动汽车、燃料电池汽车和混合动力汽车。对于纯电动汽车、燃料电池汽车和插电式混合动力汽车免征车船税，而其他混合动力汽车则按照同类车辆用税额减半征税。

其六，因特殊自然灾害确实需要减免。

如受地震、洪涝等严重自然灾害影响导致纳税困难或是有其他特殊原因确实需要减税、免税，可以在一定期限内减征或者免征车船税。具体减免期限和数额由省、自治区、直辖市人民政府确定后报国务院备案。

其七，公共交通车船、农用车辆减免。

省、自治区、直辖市人民政府根据当地的实际情况，可以对公共交通车船、农村居民拥有并且主要在农村地区使用的摩托车、三轮汽车和低速载货汽车定期减征或者免征车船税。

对于经批准临时入境的外国车船和中国港澳台地区的车船，不征收车船税。

六、车船税征收管理

纳税人按照纳税地点所载的省、自治区、直辖市人民政府确定的具体适用税额缴纳车船税。车船税由地方税务机关负责征收。

（一）纳税义务发生时间

车船税纳税义务发生时间为取得车船所有权或者管理权的当月。前述时间以购买车船的发票或者其他证明文件记载的日期为准。

在一个纳税年度内，如果已经完税的车船被盗抢、报废或是灭失，则纳税人可以凭有关管理机关出具的证明和完税凭证，向纳税所在地的主管税务机关申请退还自被盗抢、报废、灭失月份起至该纳税年度终了期间的税款。但是如果已办理退税的被盗抢车船失而复得，纳税人应当从公安机关出具相关证明的当月起计算缴纳车船税。

（二）纳税地点

如果是纳税人自行申报缴纳车船税，则纳税地点为车船登记地的主管税务机关所在地。对于依法不需要办理登记的车船，纳税地点为车船的所有人或管理人所在地。如果通过扣缴义务人代收代缴车船税，则纳税地点为扣缴义务人所在地。

（三）纳税申报

车船税应当按年申报，分月计算，最后一次性缴纳。车船税具体的申报期限由省、自治区、直辖市人民政府规定。

纳税人在首次购买机动车交通事故责任强制保险时缴纳车船税或者自

行申报缴纳车船税时应当提供购车发票，同时应当提供反映排气量、整备质量、核定载客人数等与纳税相关的信息及其相应凭证。对于依法不需要购买机动车交通事故责任强制保险的车辆，纳税人仍然应当向主管税务机关申报缴纳车船税。

（四）代扣代缴

扣缴义务人代收代缴车船税的，纳税人不需要再向车辆登记地的主管税务机关申报车船税。如果没有扣缴义务人，则纳税人需要自行申报缴纳车船税。对于纳税人没有按照规定期限缴纳车船税的，扣缴义务人在代收代缴税款时，可以一并代收代缴欠缴税款的滞纳金。扣缴义务人应当及时解缴代收代缴的税款和滞纳金，并向主管税务机关申报。在扣缴义务人向税务机关解缴税款和滞纳金的同时，应当报送明细的税款和滞纳金扣缴报告。扣缴义务人解缴税款和滞纳金的具体期限由省、自治区、直辖市地方税务机关依照法律、行政法规的规定确定。

机动车车船税扣缴义务人在代收车船税时，应当在机动车交通事故责任强制保险的保险单以及保费发票上注明已收税款的信息，作为代收税款凭证。从事机动车第三者责任强制保险业务的保险机构为机动车进行车船税代扣代缴的扣缴义务人，应当在收取保险费的同时依法代收车船税，并且应当出具代收税款凭证。

【风险提示】

1. 对于经批准临时入境的外国车船和中国港澳台地区的车船，不征收车船税。

2. 如果已办理退税的被盗抢车船失而复得，则纳税人应当从公安机关出具相关证明的当月起计算缴纳车船税。

【法条指引】

中华人民共和国车船税法（节录）

第十条 公安、交通运输、农业、渔业等车船登记管理部门、船舶检验机构和车船税扣缴义务人的行业主管部门应当在提供车船有关信息等方面，协助税务机关加强车船税的征收管理。

车辆所有人或者管理人在申请办理车辆相关登记、定期检验手续时，应当向公安机关交通管理部门提交依法纳税或者免税证明。公安机关交通管理部门核查后办理相关手续。

中华人民共和国车船税法实施条例（节录）

第十九条 购置的新车船，购置当年的应纳税额自纳税义务发生的当月起按月计算。应纳税额为年应纳税额除以 12 再乘以应纳税月份数。

在一个纳税年度内，已完税的车船被盗抢、报废、灭失的，纳税人可以凭有关管理机关出具的证明和完税凭证，向纳税所在地的主管税务机关申请退还自被盗抢、报废、灭失月份起至该纳税年度终了期间的税款。

已办理退税的被盗抢车船失而复得的，纳税人应当从公安机关出具相关证明的当月起计算缴纳车船税。

第五章

行为目的税法律制度

第一节　行为目的税概述

【规则要点】

行为目的税是指以纳税人的某些特定行为为征税对象的一类税。政府设置行为目的税是为了调节、控制，或者限制特定的社会经济行为，从而实现特定的社会经济政策目的和意图。

【理解与适用】

行为目的税的特点体现为：

1. 这里的特定行为不是普遍存在的社会行为，而是某些特殊的社会行为。行为目的税的征税对象不包括商品流转行为、取得收益行为、占有或者转移财产等行为。

2. 行为目的税具有临时性、征收时效短的特点。这是因为政府在实现了相应的社会经济政策目的和意图后就会停止征收，例如，中国曾经开征的固定资产投资方向调节税、筵席税和屠宰税。

3. 行为目的税的税源分散，没有固定的纳税主体。行为目的税的设置目的和意图各有不同，因此导致行为目的税的税源以及纳税主体都比较分散。

一般而言，行为目的税主要出于以下三种社会经济政策目的和意图而开征：

其一，有特定社会目的并且有指定用途的税收。

例如，中国的城市维护建设税和教育费附加，其社会目的在于将税收筹集的资金用于城市建设基金和教育基金。

其二，具有特定经济目的的税收。

例如，中国曾经开征的固定资产投资方向调节税。这种税收一般出于调节某种特定的经济行为而设置，从而实现政府运用税收政策调节经济的宏观作用。

其三，具有特定财政目的的税收。

例如，印花税。这种税收主要用于为国家筹集财政基金。

在整个税制结构中，行为目的税作为国家的辅助性税种，用以弥补主体税种在调节社会行为上的不足。由于行为目的税是基于某些经济目的、社会目的或者财政目的，而选择特定的征税对象或者特定的调节范围来单设税种，因此容易造成税种名目过多、税负过重的现象，因此行为目的税需要谨慎开征。

第二节 印花税

【规则要点】

印花税的命名来源于该种税通过在应税凭证上粘贴印花税票来缴纳税款这一方式。印花税是指以在经济活动和经济交往中书立、使用、领受具有法律效力的凭证为征税对象，向该凭证的书立者、使用者、领受者征收的一种税。也就是说，印花税是以书立、使用、领受应税凭证的行为为征税对象的一种税。

【理解与适用】

一、印花税的特点

印花税的特点主要表现为：

1. 纳税范围广泛。只要是税法所规范具有法律效力的凭证都必须依法缴纳印花税。这主要包括税法所列举的合同或者具有合同性质的凭证，产权转移书据，营业账簿以及权利、许可证照等涉及经济活动各个方面的应税凭证。

2. 税率低、税负轻。印花税的最高税率为1%，最低税率为0.05%。与其他税种相比，印花税的税率较低。

3. 纳税人自行完税。纳税人在书立、使用、领税应税凭证时，自行按照凭证所载计税金额和适用税率来计算其应纳税额，自行购买印花税票并且一次足额粘贴在应税凭证上，自行按照规定对已粘贴的印花税票进行注销或者划销，即实行“三自”的纳税办法。

二、中国印花税的税收制度

目前，中国关于印花税的规定主要为2011年1月国务院修订公布的《中华人民共和国印花税暂行条例》和1988年9月29日财政部发布的《中华人民共和国印花税暂行条例施行细则》。

（一）印花税的征税范围

印花税仅对列入税目的征税，而不对未列入税目的征税。即印花税的征税范围是税法所列举的各种应税凭证。

印花税的征税范围共包括5大类13个应税项目，具体如下：

1. 经济合同。经济合同是指根据《中华人民共和国合同法》和其他有关法规订立的合同以及具有合同性质的凭证。具有合同性质的凭证是指具有合同效力的协议、契约、单据、确认书，以及作为合同使用的运输单据、仓单、栈单、借款单据和财产保险单等凭证。

经济合同具体包括10种合同以及作为合同使用的凭证，即为：

（1）购销合同，包括供应、预购、采购、购销合同和协作、调剂、补偿、贸易等合同，以及出版单位与发行单位之间订阅的图书、报纸、期刊和音像制品的应税凭证（例如，订购单、订数单等）；

（2）加工承揽合同，包括加工、定作、修缮、修理、印刷、广告、测绘、测试等合同；

（3）建设工程勘察设计合同，包括勘察、设计合同；

（4）建设工程承包合同，包括建筑、安装工程承包合同，其中承包合同包括总承包合同、分包合同和转包合同；

（5）财产租赁合同，包括租赁房屋、飞机、机动车辆、机械、器具、设备等，以及企业、个人出租门店、柜台等签订的合同；

（6）货物运输合同，包括民用航空、铁路运输、海上运输、公路运输和联运合同，以及作为合同使用的单据；

（7）仓储保管合同，包括仓储、保管合同，以及作为合同使用的仓单、栈单等；

（8）借款合同，包括银行以及其他金融组织与借款人所签订的合同，以及只填开借据并作为合同使用、取得银行借款的借据；

（9）财产保险合同，包括财产、责任、保证、信用保险合同及作为合同使用的单据，具体包括企业财产保险、机动车辆保险、货物运输保险、家庭财产保险和农牧业保险；

（10）技术合同，包括技术开发、转让、咨询服务等合同，以及作为合同使用的单据。

2. 产权转移书据。产权转移书据，是指单位和个人产权的买卖、继承、赠与、交换、分割等所立的书据。产权转移书据具体包括财产所有权和版权、商标专用权、专利权、专有技术使用权等转移书据。其中，财产所有权转移书据的征税范围是指经政府管理机关登记注册的动产、不动产的所有权转移所立的书据，以及企业股权转让所立的书据。

3. 营业账簿。营业账簿，是指单位或者个人记载生产经营活动的财务会计核算账簿。根据营业账簿反映内容的不同，营业账簿分为记载资金的账簿和其他账簿。记载资金的账簿，是指反映生产经营单位资本金数额增减变化的账簿；其他账簿，是指除了上述账簿以外的其他有关生产经营活动内容的账簿，包括日记账簿和各明细分类账簿。

4. 权利、许可证照。权利、许可证照包括政府部门发给的房屋产权证、工商营业执照、商标注册证、专利证和土地使用证。

5. 经财政部确定征税的其他凭证。

（二）印花税的纳税人

印花税的纳税人，是指在中华人民共和国境内书立、使用、领受上述应税凭证并应依法履行纳税义务的单位和个人，包括国内各类企业、事业、机关、团体、部队，以及中外合资企业、合作企业、外资企业、外国企业和其他经济组织及其在华机构等单位和个人。

根据书立、使用、领受应税凭证的不同，纳税人可具体划分为以下5种：

1. 立合同人。立合同人即指经济合同的当事人，也就是对凭证有直接权利义务的单位和个人。但是立合同人不包括经济合同的担保人、证人以及鉴定人等。

2. 立据人。立据人是指在权属转移过程中书立产权转移书据的单位和个人。产权转移书据由立据人贴花。

3. 立账簿人。立账簿人是指设立并且使用营业账簿的单位和个人。

4. 领受人。领受人是指领取并且持有权利、许可证照的单位和个人。

5. 使用人。使用人是指在国外书立或者领受、在国内使用应税凭证的单位和个人。

另外，以电子形式签订的各类应税凭证的当事人也是印花税的纳税义务人。

(三) 印花税的应纳税额

印花税的应纳税额由计税依据以及税率共同决定。以下将分别介绍印花税的计税依据、税率以及印花税的应纳税额的计算方法。

1. 印花税的计税依据

印花税的计税依据为各种应税凭证上所记载的计税金额。具体规定如下：

(1) 计税依据的一般规定

① 购销合同的计税依据为合同记载的购销金额。

如果合同未列明金额，则应按照合同所载购、销数量，依据国家牌价或者市场价格计算应纳税的购销金额。

② 加工承揽合同的计税依据是加工或者承揽收入的金额。

当委托方提供主要材料或者原料、受托方只提供辅助材料时，加工或者承揽收入额是指合同受托方的加工费收入和提供的辅助材料金额之和。当受托方提供原材料时，如果在合同中分别记载加工费金额和原材料金额的，则应分别按照加工承揽合同、购销合同计税；如果在合同中未分别记载的，则应将全部金额依照加工承揽合同计税。

③ 建设工程勘察设计合同的计税依据为收取的费用。

④ 建设安装工程承包合同的计税依据为承包金额。

⑤ 财产租赁合同的计税依据为租赁金额。经计算，税额不足 1 元的按照 1 元贴花。

⑥ 货物运输合同的计税依据为运输费用，不包括所运货物的金额、装卸费用以及保险费用等。

⑦ 仓储保管费用的计税依据为仓储保管费用。

⑧ 借款合同的计税依据为借款金额。

因具体借贷活动中的借款形式不同而各有具体规定，具体规定如下：

a. 对于借贷义务，如果既签订借款合同又一次或者分次填开借据的，以借款合同所载金额为计税依据计税贴花；如果只填开借据并且将其作为合同使用的，以借据所载金额为计税依据计税贴花。

b. 对于借贷双方签订的流动资金周转性借款合同，一般按年（期）签订，规定最高限额，借款人在规定的期限和最高限额内随借随还。因此，这类合同的计税依据为该合同规定的最高借款限额计税。只要在限额内随借随还且不签订新合同的，不再另贴印花。

c. 对于借款方以财产作为抵押，与贷款方签订的抵押贷款额合同，以借款合同计税贴花；如果借款方因为无力偿还借款而将抵押财产转移给贷款方时，以双方书立的产权转移书据计税贴花。

d. 对于银行以及其他金融组织签订的融资租赁合同，以合同所载的租金总额按照借款合同计税贴花。

e. 对于贷方为若干银行组成的银团的贷款业务，银团各方均承担一定的贷款数额，以借款方与贷款银团各方应分别在其所执的合同正本上按照各自的借款数额计税贴花。

f. 对于先按照年度用款计划分年签订借款合同，而在最后一年按照总概算签订借款金额包括各个分合同借款金额的借款总合同这一类基本建设贷款，按照分合同分别计税贴花；对于最后签订的总合同，以借款总额扣除分合同借款金额后的余额计税贴花。

⑨ 财产保险合同的计税依据为支付或者收取的保险费，并不包括所保财产的金额。

⑩ 技术合同的计税依据为合同所载的价款、报酬或者使用费。对于技术开发合同以合同所载的报酬金额为计税依据。研究开发经费不作为计税依据。如果合同约定按照研究开发经费的一定比例作为报酬的，以一定比

例的报酬金额作为计税依据。

⑪ 产权转移书据的计税依据为所载金额。对于土地使用权出让合同、土地使用权转让合同、商品房销售合同，按照产权转移书据计税贴花。

⑫ 营业账簿税目中记载资金的账簿的计税依据为实收资本与资本公积的合计金额。这里的实收资本包括现金、实物、无形资产和材料物资。其中，现金按照实际收到或者存入纳税人开户银行的金额确定，无形资产和材料物资按照评估确认的价值确定。资本公积则包括接受捐赠、法定财产重估增值、资本折算差额、资本溢价等，实物捐赠按照同类资产的市场价格或者有关凭据确定。除此之外，其他账簿的计税依据为应税凭证件数。

⑬ 权利、许可证照的计税依据为应税凭证件数。

（2）计税依据的特殊规定

① 对于以“金额”“收入”“费用”作为计税依据的凭证，应当全额计税，不能作任何扣除。

② 对于记载有两个或两个以上适用不同税目税率的经济事项的凭证，如果分别记载金额的，应分别计算应纳税额，相加后按照合计税额贴花；如果未分别记载金额的，按税率高的计税贴花。

③ 对于未标明金额的按金额比例贴花的应税凭证，按照凭证所载数量及国家牌价计算金额；如果没有国家牌价，则按照市场价格计算金额，然后按照规定税率计税贴花。

④ 对于所载金额为外国货币的应税凭证，应按照凭证书立当日国家外汇管理局公布的外汇牌价折合成人民币，然后计算应纳税额。

⑤ 对于应纳税额不足 1 角的，免纳印花税；对于 1 角以上的，其税额尾数不满 5 分的不计，满 5 分的按照 1 角计算。

⑥ 对于签订时无法确定计税金额的合同，在签订时按照定额 5 元贴花，等到以后结算时的按照实际金额补贴印花。

⑦ 对于订立的应税合同，不论其是否兑现或是否按期兑现，均应依按照合同金额贴花。对于已履行并且贴花的合同，其所载金额与合同履行后实际结算金额不一致的，只要双方未修改合同金额，一般不再办理完税手续。

⑧ 对于有经营收入的事业单位，如果是属于由国家财政拨付事业经费，实际差额预算管理的单位，其记载经营业务的账簿，按照其他账簿定

额贴花；不记载经营业务的账簿不贴花。如果是属于经费来源实行自收自支的单位，其营业账簿应按照记载资金的账簿和其他账簿分别计算应纳税额。

对于跨地区经营的分支机构，其营业账簿应由各分支机构于其所在地计税贴花。对于上级单位核拨资金的分支机构，其记载资金的账簿按照核拨的账面资金额计税贴花，其他账簿按照定额贴花；对于上级单位不核拨资金的分支机构，只就其他账簿按件定额贴花；对于上级单位，其记载资金的账簿应按照扣除拨给下属机构资金数额后的其余部分计税贴花。

⑨ 对于商品购销活动中采用以货易货方式进行商品交易签订的合同，应按照该合同所载的购、销合计金额计税贴花。如果合同未列明金额，则应按照合同所载购、销数量依照国家牌价或者市场价格计算应纳税额。

⑩ 对于施工单位将自己承包的建设项目分包或者转包给其他施工单位所签订的分包或者转包合同，应该按照新的分包或者转包合同所载金额计算应纳税额。

⑪ 对于股票交易，应按照书立时证券市场当日实际成交价格计算的金额为计税金额，由买卖、继承、赠与所书立的 A 股、B 股股权转让书据的出让方按 1‰ 的税率征收证券（股票）交易印花税，对受让方不再征税。

⑫ 对于国内各种形式的货物联运，如果在起运地统一结算全程运费的，将全程运费作为计税依据，由起运地运费结算双方缴纳印花税；如果是分程结算运费的，应将分程的运费作为计税依据，分别由办理运费结算双方缴纳印花税。

对于国际货运，如果是由中国运输企业运输的，不论在中国境内、境外起运或者中转分程运输，中国运输企业所持的一份运输结算凭证，均按照本程运费计算应纳税额；托运方所持的一份运费结算凭证，按照全程运费计算应纳税额。如果是由外国运输企业运输进出口货物的，外国运输企业所持的一份运费结算凭证免纳印花税；托运方所持的一份运费结算凭证应缴纳印花税。如果国际货运运费结算凭证是在国外办理的，应在凭证转回中国境内时按照规定缴纳印花税。

⑬ 对于如下情形，由地方税务机关核定其计税依据：未建立应税凭证登记簿，或者未如实登记和完整保存应税凭证的；拒不提交应税凭证或者不如实提供应税凭证致使计税依据明显偏低的；采用汇总缴纳办法但是未

及时报送汇总缴纳情况报告，经责令仍无效的。

2. 印花税的税率

印花税的税率设计遵循税负从轻、共同负担的原则，税率较低，对凭证有直接权利义务关系的单位和个人均应就其所持凭证依法纳税。

印花税的税率分为比例税率和定额税率两种形式。

（1）比例税率

在印花税的13个税目中，各类合同以及具有合同性质的凭证、产权转移书据、营业账簿中记载资金的账簿适用比例税率。

印花税的比例税率共有4个档次：

① 适用0.05‰税率的为借款合同；

② 适用0.3‰税率的为购销合同，建筑安装工程承包合同，技术合同；

③ 适用0.5‰税率的为加工承揽合同，建筑工程勘察设计合同，货物运输合同，产权转移书据，营业账簿中记载资金的账簿；

④ 适用1‰税率的为财产租赁合同，仓储保管合同，财产保险合同。

除此之外，从2008年9月19日起，中国对买卖、继承、赠与所书立的A股、B股的股权转让书据的出让方按照1‰的税率征收证券交易印花税，而对受让方不征税。

（2）定额税率

在印花税的13个税目中，权利、许可证照和营业账簿中的其他账簿适用定额税率，均为按件贴花，税额为5元。

3. 应纳税额的计算方法

根据应税凭证的性质不同，印花税的应纳税额计算方法分别如下：

（1）合同和具有合同性质的凭证，产权转移书据的印花税应纳税额的计算方法为：

应纳税额＝计税金额×适用税率

（2）营业账簿中记载资金的账簿的印花税应纳税额的计算方法为：

应纳税额＝（实收资本＋资本公积）×适用税率

（3）权利、许可证照，营业账簿中其他账簿的印花税应纳税额的计算方法为：

应纳税额＝应税凭证件数×单位税额

（四）印花税的税收优惠

1. 对已缴纳印花税的凭证的副本或者抄本免税。但是对于以副本或者抄本视同正本使用的，则应该另行贴花。

2. 对财产所有人将财产赠给政府、社会福利单位、学校所立的书据免税。

3. 对国家制定的收购部门与村民委员会、农民个人书立的农副产品收购合同免税。

4. 对无息、贴息贷款合同免税。

5. 外国政府或者国际金融组织向中国政府以及国家金融机构提供优惠贷款所书立的合同免税。

6. 对房地产管理部门与个人签订的用于生活居住的租赁合同免税。

7. 对农牧业保险合同免税。

8. 对特殊货运凭证免税。特殊货运凭证主要包括：军事物资运输凭证、抢险救灾物资运输凭证以及新建铁路的工程临管线运输凭证。

9. 企业改制过程中印花税征免的相关规定。

（1）关于资金账簿的印花税。实行公司制改造的企业在改制过程中成立的新企业（重新办理法人登记的），其新启用的资金账簿记载的资金或因企业建立资本纽带关系而增加的资金，凡原已贴花的部分可不再贴花，未贴花的部分和以后新增加的资金按规定贴花。公司制改造包括国有企业依公司法整体改造成国有独资有限责任公司；企业通过增资扩股或者转让部分产权，实现他人对企业的参股，将企业改造成有限责任公司或股份有限公司；企业以其部分财产和相应债务与他人组建新公司；企业将债务留在原企业，而以其优质财产与他人组建的新公司。

以合并或分立方式成立的新企业，其新启用的资金账簿记载的资金，凡原已贴花的部分可不再贴花，未贴花的部分和以后新增加的资金按规定贴花。合并包括吸收合并和新设合并。分立包括存续分立和新设分立。

（2）关于各类应税合同的印花税。企业改制前签订但尚未履行完的各类应税合同，改制后需要变更执行主体的，对仅改变执行主体、其余条款未作变动且改制前已贴花的，不再贴花。

（3）关于产权转移书据的印花税。企业因改制签订的产权转移书据免予贴花。

（4）关于股权分置试点改革转让的印花税。股权分置试点改革过程中因非流通股股东向流通股股东支付对价而发生的股权转让，暂免征收印花税。

（五）印花税的征收管理

1. 印花税的纳税地点

印花税一般实行就地征收，对全国性商品物资订货会（包括展销会、交易会等）上所签订合同应纳的印花税，由纳税人回其所在地后即时办理贴花完税手续；对地方主办、不涉及省际关系的订货会、展销会上所签合同的印花税，其纳税地点由各省、自治区、直辖市人民政府自行确定。

2. 印花税的纳税申报

纳税人应该按照税法的有关规定及时办理纳税申报，并且如实填写印花税纳税申报表。

3. 印花税的纳税办法

根据税额的大小、贴花次数以及税收征管的需要，印花税的纳税办法分为以下 3 种：

（1）自行贴花办法。自行贴花办法即纳税人在书立、领受或者使用应税凭证时，应该根据应税凭证的性质和适用的税目税率，自行计算应纳税额，自行购买印花税票，自行在应税凭证上一次贴足印花税票并且加以注销或者划销。这种办法一般适用于应税凭证较少或者贴花次数较少的纳税人。对于已经贴花的凭证，修改后所载金额增加的，其增加部分应当补贴印花税票。

（2）汇贴或者汇缴办法。汇贴办法即为当一份凭证的应纳税额超过 500 元时，纳税人应当向当地税务机关申请填写缴款书或者完税证，将其中一联粘贴在凭证上或者由税务机关在凭证上加注完税标记代替贴花。汇缴办法即为当同一类应纳税凭证需要频繁贴花时，纳税人可以根据自身情况自行决定采用按期汇总缴纳印花税。汇总缴纳的限期限额由当地税务机关确定，但是最长期限不得超过 1 个月。缴纳方式一经选定，1 年内不得改变。

（3）委托代征办法。委托代征办法即为税务机关委托发放或者办理应税凭证的单位代为征收印花税税款。发放或者办理应纳税凭证的单位即指发放权利、许可证照的单位和办理凭证的鉴证、公证，以及其他有关事项的单位，这些单位负有监督纳税人依法纳税的义务，具体表现为监督对应纳税凭证是否已经已粘贴印花、粘贴的印花是否足额以及粘贴的印花是否按照规定注销等纳税事项。

【风险提示】

1. 如果立合同人有代理人，而且代理人有代理纳税义务的，那么代理人与纳税人具有同等的税收法律义务和法律责任。

2. 如果立据人未贴或者少贴印花，书据的持有人应该负责补贴印花。

3. 当由两方或者两方以上当事人共同书立某一应税凭证时，当事人各方均为印花税的纳税人。各方当事人根据其所持有的凭证全额履行纳税义务。因此，立合同人、立据人双方均为印花税的纳税义务人；立账簿人、领受人和使用人仅一方为印花税的纳税义务人。但是，经国务院批准，财政部、国家税务总局决定自 2008 年 9 月 19 日起，买卖、继承、赠与所书立的 A 股、B 股股权转让书据的，对受让方不再征税。

【相关案例】

吴某、宁波市地方税务局国家高新技术产业开发区分局税务行政管理纠纷案

原告吴某于 2011 年 8 月作为发起人之一与他人共同发起成立禾乐公司，其中原告出资人民币 63 万元，占禾乐公司股份总数的 0.934%。2012 年 12 月 26 日，太平鸟公司至被告宁波市地方税务局国家高新技术产业开发区分局（简称“高新区地税局”）处办理纳税申报，并向被告高新区地税局提交了《股份转让协议》及《宁波禾乐投资股份有限公司章程》的复印件，协议主要内容为原告将其持有的禾乐公司的 0.934% 股份以人民币 63 万元的价格转让给受让方太平鸟公司。被告高新区地税局于同日作出《股权转让纳税证明》。2015 年 7 月 21 日，原告向被告申请信息公开，要求公开其持有禾乐公司的 0.934% 股份于 2012 年 12 月被转出所涉事项完整的办税资料。被告高新区地税局于 2015 年 8 月 3 日作出《政府信息依申请公开告知书》进行公开。2015 年 11 月 11 日，原告向原宁波市江东区人民法院提起行政诉讼，认为股权转让行为系在原告不知情的情况下作出，被告高新区地税局在办理股权转让涉税证明时未尽审查及纳税事项管理、监督义务。

被告在庭审时提出，任何税都应包括对印花税的审查，而被告高新

区地税局未进行审查。法院认为，根据《中华人民共和国印花税暂行条例》第5条第1款的规定，印花税是由纳税人按规定应税的比例和定额自行购买并粘贴印花税票，无须向被告缴纳，故对原告的该项主张也不予支持。

【法条指引】

中华人民共和国印花税暂行条例（节录）

第二条 下列凭证为应纳税凭证：

（一）购销、加工承揽、建设工程承包、财产租赁、货物运输、仓储保管、借款、财产保险、技术合同或者具有合同性质的凭证；

（二）产权转移书据；

（三）营业账簿；

（四）权利、许可证照；

（五）经财政部确定征税的其他凭证。

第三条 纳税人根据应纳税凭证的性质，分别按比例税率或者按件定额计算应纳税额。具体税率、税额的确定，依照本条例所附《印花税税目税率表》执行。

应纳税额不足1角的，免纳印花税。

应纳税额在1角以上的，其税额尾数不满5分的不计，满5分的按1角计算缴纳。

第四条 下列凭证免纳印花税：

（一）已缴纳印花税的凭证的副本或者抄本；

（二）财产所有人将财产赠给政府、社会福利单位、学校所立的书据；

（三）经财政部批准免税的其他凭证。

第七条 应纳税凭证应当于书立或者领受时贴花。

第八条 同一凭证，由两方或者两方以上当事人签订并各执一份的，应当由各方就所执的一份各自全额贴花。

第九条 已贴花的凭证，修改后所载金额增加的，其增加部分应当补贴印花税票。

第十条 印花税由税务机关负责征收管理。

第三节 车辆购置税

【规则要点】

车辆购置税，是对在中国境内购置应税车辆的单位和个人征收的一种税。车辆购置税是以在中国境内购置规定车辆为课税对象，在特定的环节向车辆购置者征收的税种。

中国车辆购置税的主要特点为：（1）征收范围单一，以购置的特定车辆作为征税对象。（2）征收环节单一，仅在车辆购置的特定环节征收，而不是在生产、经营和消费的每一环节进行征收。（3）税率单一，车辆购置税具有一个统一的比例税率。（4）征收方法单一，车辆购置税是根据应税车辆的计税价格实行从价计征。（5）价外征收，车辆购置税的计税依据不包括车辆购置税税额，车辆购置税税额是附加在价格之外的。

【理解与适用】

2018 年 12 月 29 日第十三届全国人民代表大会常务委员会第七次会议通过了《中华人民共和国车辆购置税法》，国务院于 2000 年 10 月公布的《中华人民共和国车辆购置税暂行条例》同时废止。

一、车辆购置税的征税范围

车辆购置税的征税范围是应税车辆，分为汽车、有轨电车、排气量超过 150 毫升的摩托车、汽车挂车等。

根据新通过的车辆购置税法规定，下列车辆免征车辆购置税：

1. 依照法律规定应当予以免税的外国驻华使馆、领事馆和国际组织驻华机构及其有关人员自用的车辆；

2. 中国人民解放军和中国人民武装警察部队列入装备订货计划的车辆；

3. 悬挂应急救援专用号牌的国家综合性消防救援车辆；

4. 设有固定装置的非运输专用作业车辆；

5. 城市公交企业购置的公共汽电车辆。

另外，农用车也不再缴纳车辆购置税，拖拉机牵引的挂车由于挂车属于农业机械，也不征收车辆购置税。

根据国民经济和社会发展的需要，国务院可以规定减征或者其他免征车辆购置税的情形，报全国人民代表大会常务委员会备案。其他任何部门、单位和个人只能认真执行政策规定，无权擅自扩大或者缩小车辆购置税的征税范围。

二、车辆购置税的纳税人

车辆购置税的纳税人，是指在中国境内购置应税车辆的单位和个人。购置行为具体包括购买使用行为、进口使用行为、受赠使用行为、自产自用行为、获奖使用行为以及拍卖、抵债、走私、罚没等其他方式取得并且使用应税车辆的行为。这里所称的单位包括国有企业、集体企业、私营企业、股份制企业、外商投资企业、外国企业，以及其他企业和事业单位、社会团体、国家机关、部队以及其他单位。这里所称的个人包括个体工商户以及其他个人，既包括中国公民又包括外国公民。

中国车辆购置税的纳税人以应税车辆的购置地在中国境内为判断标准。

三、车辆购置税的应纳税额

（一）车辆购置税的计税依据

车辆购置税的计税依据即为应税车辆的计税价格。根据应税车辆购置的来源不同，应税车辆的计税价格的组成各有不同，具体规定如下：

1. 纳税人购买自用应税车辆的计税价格，为纳税人实际支付销售者的全部价款，不包括增值税税款；

2. 纳税人进口自用应税车辆的计税价格，为关税完税价格加上关税和消费税；

3. 纳税人自产自用应税车辆的计税价格，按照纳税人生产的同类应税车辆的销售价格确定，不包括增值税税款；

4. 纳税人以受赠、获奖或者其他方式取得自用应税车辆的计税价格，按照购置应税车辆时相关凭证载明的价格确定，不包括增值税税款。

（二）车辆购置税的税率

车辆购置税的税率实行单一比例税率，为10%。

（三）车辆购置税的计算方法

车辆购置税实行从价定率的办法计算应纳税额，应纳税额的计算公式为：

应纳税额 = 计税价格 × 税率

四、车辆购置税的征收管理

（一）车辆购置税的纳税地点

纳税人购置应税车辆，应当向车辆登记注册地的主管税务机关办理纳税申报。纳税人购置不需要办理车辆登记注册手续的应税车辆，应当向纳税人所在地的主管税务机关办理纳税申报。

（二）车辆购置税的纳税申报

车辆购置税实行一次课征制和一车一申报制度。纳税人办理纳税申报时应如实填写《车辆购置税纳税申报表》，同时提供纳税人身份证明、车辆价格证明、车辆合格证明以及税务机关要求提供的其他资料。

（三）车辆购置税的纳税环节

纳税人应当在向公安机关车辆管理机构办理车辆登记注册前，向车辆登记注册地的主管税务机关办理纳税申报，缴纳车辆购置税。纳税人应当持主管税务机关出具的完税证明或者免税证明，向公安机关车辆管理机构办理车辆登记注册手续；没有完税证明或者免税证明的，公安机关车辆管理机构不得办理车辆登记注册手续。

（四）车辆购置税的纳税期限

车辆购置税的纳税义务发生时间为纳税人购置应税车辆的当日。纳税人购买自用应税车辆的，应自购买之日起60日内申报纳税；进口自用应税车辆的，应自进口之日起60日内申报纳税；自产、受赠、获奖或者以其他方式取得并自用应税车辆的，应自取得之日起60日内申报纳税。车辆购置税税款应于纳税人办理纳税申报时一次缴清。

免税、减税车辆因转让、改变用途等原因不再属于免税、减税范围的，纳税人应当在办理车辆转移登记或者变更登记前缴纳车辆购置税。计税价格以免税、减税车辆初次办理纳税申报时确定的计税价格为基准，每满一年扣减10%。纳税人将已征车辆购置税的车辆退回车辆生产企业或者销售企业的，可以向主管税务机关申请退还车辆购置税。退税额以已缴税款为基准，自缴纳税款之日至申请退税之日，每满一年扣减10%。

【风险提示】

经国务院批准，财政部、国家税务局发出《关于减征1.6升及以下排量乘用车车辆购置税的通知》，规定自2017年1月1日起至12月31日止，对购置1.6升及以下排量的乘用车减按7.5%的税率征收车辆购置税。自2018年1月1日起，恢复按10%的法定税率征收车辆购置税。

免税、减税车辆因转让、改变用途等原因不再属于免税、减税范围的，应当在办理车辆过户手续前或者办理变更车辆登记注册手续前缴纳车辆购置税。

【法条指引】

中华人民共和国车辆购置税法（节录）

第一条 在中华人民共和国境内购置汽车、有轨电车、汽车挂车、排气量超过一百五十毫升的摩托车（以下统称应税车辆）的单位和个人，为车辆购置税的纳税人，应当依照本法规定缴纳车辆购置税。

第二条 本法所称购置，是指以购买、进口、自产、受赠、获奖或者其他方式取得并自用应税车辆的行为。

第三条 车辆购置税实行一次性征收。购置已征车辆购置税的车辆，不再征收车辆购置税。

第七条 纳税人申报的应税车辆计税价格明显偏低，又无正当理由的，由税务机关依照《中华人民共和国税收征收管理法》的规定核定其应纳税额。

第八条 纳税人以外汇结算应税车辆价款的，按照申报纳税之日的人民币汇率中间价折合成人民币计算缴纳税款。

第十条 车辆购置税由税务机关负责征收。

第十一条 纳税人购置应税车辆，应当向车辆登记地的主管税务机关申报缴纳车辆购置税；购置不需要办理车辆登记的应税车辆的，应当向纳税人所在地的主管税务机关申报缴纳车辆购置税。

第十二条　车辆购置税的纳税义务发生时间为纳税人购置应税车辆的当日。纳税人应当自纳税义务发生之日起六十日内申报缴纳车辆购置税。

第十三条　纳税人应当在向公安机关交通管理部门办理车辆注册登记前，缴纳车辆购置税。

公安机关交通管理部门办理车辆注册登记，应当根据税务机关提供的应税车辆完税或者免税电子信息对纳税人申请登记的车辆信息进行核对，核对无误后依法办理车辆注册登记。

第十六条　税务机关和公安、商务、海关、工业和信息化等部门应当建立应税车辆信息共享和工作配合机制，及时交换应税车辆和纳税信息资料。

第四节　城市维护建设税

【规则要点】

城市维护建设税是对缴纳增值税和消费税的单位、个人，按照其缴纳增值税和消费税的实缴税额为计税依据而征收的一种税。城市维护建设税是专门用于加强城市的维护建设，扩大和稳定城市维护建设资金来源的一种税。

【理解与适用】

一、城市维护建设税的特点

中国的城市维护建设税具有以下特点：

1. 具有附加税性质。城市维护建设税本身没有特定的、独立的征税对象，而是以纳税人实际缴纳的增值税和消费税税额作为计税依据，附加于这两种税额。

2. 具有特定目的。城市维护建设税的税款主要用于城市的公用事业和公共设施的维护建设。

3. 税率不具有统一性。城市维护建设税的税率依据纳税人所在地城镇设施的状况来确定。

4. 征收范围广泛。增值税和消费税的征税范围广泛导致了城市维护建设税的征税范围广泛。

二、中国城市维护建设税的税收制度

目前，中国关于城市维护建设税的规定主要为国务院于 2011 年 1 月修订通过的《中华人民共和国城市维护建设税暂行条例》。

(一) 城市维护建设税的征税范围

城市维护建设税的征税范围具体包括城市、县城和镇，以及税法规定征收缴纳增值税和消费税的其他地区。

(二) 城市维护建设税的纳税人

城市维护建设税的纳税人即指负有缴纳增值税和消费税义务的单位和个人。城市维护建设税的纳税人具体包括国有企业、集体企业、私营企业、股份制企业、其他企业和行政单位、事业单位、军事单位、社会团体和其他单位，以及个体工商户和其他个人。

根据国务院发布的《国务院关于统一内外资企业和个人城市维护建设税和教育费附加制度的通知》，自 2010 年 12 月 1 日起，对外商投资企业、外国企业及外籍个人征收城市维护建设税。

(三) 城市维护建设税的应纳税额

1. 城市维护建设税的计税依据

城市维护建设税的计税依据是纳税人实际缴纳的增值税和消费税的税额总和。城市维护建设税的纳税人违反增值税和消费税的有关税法规定而被加收的滞纳金和罚金，不作为城市维护建设税的计税依据。

2. 城市维护建设税的税率

城市维护建设税的税率实行地区差别税率。根据纳税人所在地不同而适用不同的税率。

具体规定如下：

(1) 城市维护建设税的纳税人所在地为市区的，城市维护建设税的税率为 7%。

(2) 城市维护建设税的纳税人所在地为县城、镇的，城市维护建设税的税率为 5%。

(3) 城市维护建设税的纳税人所在地不在市区、县城或者镇的，城市维护建设税的税率为 1%。

城市维护建设税的税率，应当按纳税人所在地的规定税率执行，但是以下两种情形中，纳税人可以按照缴纳增值税和消费税所在地的规定税率就地缴纳城市维护建设税：

（1）由受托方代扣代缴、代收代缴增值税和消费税的单位和个人，其代扣代缴、代收代缴的城市维护建设税按照受托方所在地适用税率；

（2）流动经营等无固定纳税地点的单位，在经营地缴纳增值税和消费税的，其城市维护建设税的缴纳按照经营地适用税率。

3. 城市维护建设税的计算方法

城市维护建设税的应纳税额的计算公式为：

应纳税额 = 纳税人实际缴纳的增值税和消费税税额 × 适用税率

（四）城市维护建设税的税收优惠

基于城市维护建设税的附加税性质，当作为主税的增值税和消费税减免时，城市维护建设税也相应地发生减免。对于减免增值税和消费税而发生的退税，应该同时退还已缴纳的城市维护建设税。对于出口产品退还消费税、增值税的，不退还已缴纳的城市维护建设税。

（五）城市维护建设税的征收管理

1. 城市维护建设税的纳税地点

城市维护建设税的纳税地点，是纳税人缴纳增值税和消费税的纳税地点，但是在下列情形中会有例外规定：

（1）代扣代缴、代收代缴增值税和消费税的单位和个人，其城市维护建设税的纳税地点在代扣代收地；

（2）跨省开采的油田，下属生产单位与核算单位不在一个省内的，其生产的原油在油井所在地缴纳增值税，并且其应纳税款由核算单位按照各油井的产量和规定税率，计算汇拨各油井缴纳。各油井应纳的城市维护建设税，应由核算单位计算，随同增值税一并汇拨油井所在地，由油井在缴纳增值税的同时，一并缴纳城市维护建设税；

（3）对流动经营等无固定纳税地点的单位和个人，应随同增值税和消费税在经营地按照适用税率缴纳城市维护建设税。

2. 城市维护建设税的纳税申报

城市维护建设税的纳税人应该按照有关规定及时办理纳税申报，并且如实填写《城市维护建设税纳税申报表》。

3. 城市维护建设税的纳税环节

城市维护建设税的纳税环节，即为纳税人缴纳增值税和消费税的纳税环节。只要纳税人在某一纳税环节中负有增值税和消费税的纳税义务，就同样负有缴纳城市维护建设税的义务。

4. 城市维护建设税的纳税期限

因为城市维护建设税是在纳税人缴纳增值税和消费税的同时缴纳城市维护建设税，所以城市维护建设税的纳税期限与增值税、消费税的纳税期限相同。具体的纳税期限为：增值税、消费税的纳税期限均分别为1日、3日、5日、10日、15日、1个月或者1个季度。增值税和消费税的具体纳税期限由主管税务机关根据纳税人应纳税额的大小分别进行核定。不能按照固定期限纳税的，可以按次纳税。

【风险提示】

城市维护建设税的纳税人在被查补增值税和消费税和被处以罚款时，应该同时补征其偷漏的城市维护建设税，并且征收滞纳金和罚金。

城市维护建设税的纳税人在被减征或者免征增值税和消费税时，应该同时免征或者减征城市维护建设税，但是对出口产品退还增值税和消费税的，不退换已经缴纳的城市维护建设税。

对增值税和消费税实行先征后返、先征后退、即征即退办法的，除另有规定外，对随“两税”附征的城市维护建设税和教育费附加，一律不予退（返）还。

【相关案例】

湖北某银行税务纠纷案

2014年3月24日，湖北某银行委托海南融和拍卖有限公司对“兴立商厦”房地产通过公开拍卖方式进行处置。同年4月11日，章某某以人民币2060万元的价格竞买到“兴立商厦”，并与海南融和拍卖有限公司签订了拍卖成交确认书，支付成交价款人民币2060万元和拍卖佣金。之后，章某某因与湖北某银行在缴纳相关税费上产生争议，于2015年3月23日向洋浦地税局举报湖北某银行。

法院认为，根据《中华人民共和国土地增值税暂行条例》第2条、《中华人民共和国城市维护建设税暂行条例》第2条、《中华人民共和国印花税暂行条例》第1条的规定，湖北某银行是此次出售“兴立商厦”的单位，依上述规定，湖北某银行是申报缴纳营业税、土地增值税、城市维护建设税、印花税、教育费附加及地方教育附加费的纳税义务人。

【法条指引】

中华人民共和国城市维护建设税暂行条例（节录）

第二条　凡缴纳消费税、增值税、营业税的单位和个人，都是城市维护建设税的纳税义务人（以下简称纳税人），都应当依照本条例的规定缴纳城市维护建设税。

第三条　城市维护建设税，以纳税人实际缴纳的消费税、增值税、营业税税额为计税依据，分别与消费税、增值税、营业税同时缴纳。

第四条　城市维护建设税税率如下：

纳税人所在地在市区的，税率为7%；

纳税人所在地在县城、镇的，税率为5%；

纳税人所在地不在市区、县城或镇的，税率为1%。

第五条　城市维护建设税的征收、管理、纳税环节、奖罚等事项，比照消费税、增值税、营业税的有关规定办理。

第六条　城市维护建设税应当保证用于城市的公用事业和公共设施的维护建设，具体安排由地方人民政府确定。

第七条　按照本条例第四条第三项规定缴纳的税款，应当专用于乡镇的维护和建设。

第五节　烟叶税

【规则要点】

烟叶税，是指对在中国境内从事烟叶收购的单位，按照其收购金额计算征税的一种税。

【理解与适用】

一、烟叶税的特点

烟叶税是用以稳定烟叶产区的地方财政收入，促进烟草行业的健康稳定发展而开征的一种税。

二、中国烟叶税的税收制度

以前，中国关于烟叶税的税收制度的规定主要为国务院于2006年4月28日公布的《中华人民共和国烟叶税暂行条例》。但是，根据税收法定原则，2017年12月27日，十二届全国人大常委会第三十一次会议审议通过了《中华人民共和国烟叶税法》，该法自2018年7月1日起施行，并明确规定2006年4月28日公布的《中华人民共和国烟叶税暂行条例》同时废止。

（一）烟叶税的征税范围

烟叶税的征税范围是烟叶，烟叶具体包括晾晒烟叶和烤烟叶。晾晒烟叶包括列入晾晒烟名录的晾晒烟叶和未列入晾晒烟名录的其他晾晒烟叶。

（二）烟叶税的纳税人

烟叶税的纳税人，是指在中国境内收购烟叶的单位。收购烟叶的单位是指依照《中华人民共和国烟草专卖法》的规定，有权收购烟叶的烟草公司或者受其委托收购烟叶的单位。如果是依照《中华人民共和国烟草专卖法》查处没收的违法收购的烟叶，应该由收购罚没烟叶的单位缴纳烟叶税。

（三）烟叶税的应纳税额

1. 烟叶税的计税依据

烟叶税的计税依据为纳税人收购烟叶实际支付的价款总额。价款总额包括纳税人支付给烟叶销售者的烟叶收购价款和价外补贴。根据简化手续、方便征收的原则，价外补贴暂按烟叶收购价款的10%计入收购金额征税。

2. 烟叶税的税率

烟叶税的税率实行比例税率，税率是20%。

3. 烟叶税的计算方法

烟叶税的计算方法为：

$$应纳税额 = 烟叶收购金额 \times 税率$$

（四）烟叶税的税收优惠

烟叶税目前没有税收优惠。

（五）烟叶税的征收管理

烟叶税由税务机关征收。纳税人应当向烟叶收购地的主管税务机关申报缴纳烟叶税。烟叶税的纳税义务发生时间为纳税人收购烟叶的当天。烟叶税按月计算，纳税人应当于纳税义务发生月终了之日起15日内申报并缴纳税款。

【法条指引】

中华人民共和国烟叶税法（节录）

第一条　在中华人民共和国境内，依照《中华人民共和国烟草专卖法》的规定收购烟叶的单位为烟叶税的纳税人。纳税人应当依照本法规定缴纳烟叶税。

第二条　本法所称烟叶，是指烤烟叶、晾晒烟叶。

第三条　烟叶税的计税依据为纳税人收购烟叶实际支付的价款总额。

第四条　烟叶税的税率为百分之二十。

第五条　烟叶税的应纳税额按照纳税人收购烟叶实际支付的价款总额乘以税率计算。

第六条　烟叶税由税务机关依照本法和《中华人民共和国税收征收管理法》的有关规定征收管理。

第七条　纳税人应当向烟叶收购地的主管税务机关申报缴纳烟叶税。

第八条　烟叶税的纳税义务发生时间为纳税人收购烟叶的当日。

第九条　烟叶税按月计征，纳税人应当于纳税义务发生月终了之日起十五日内申报并缴纳税款。

第六节　教育费附加和地方教育附加

【规则要点】

教育费附加是对缴纳增值税和消费税的单位和个人，以其缴纳的增值税和消费税的税额为计征依据而征收的一种附加费。

【理解与适用】

一、教育费附加的作用

教育费附加是用以加快地方教育事业、扩大地方教育经费的资金的一项专用基金。

二、中国教育费附加的征收制度

目前，中国关于教育费附加的相关规定主要为国务院于2011年1月8日修订的《征收教育费附加的暂行规定》。《征收教育费附加的暂行规定》是为了贯彻落实《中共中央关于教育体制改革的决定》，加快发展地方教育事业，扩大地方教育经费的资金来源而制定的。

（一）教育费附加

教育费附加的征税范围即为缴纳增值税和消费税的税额。

（二）教育费附加的纳税人

教育费附加的纳税人是缴纳增值税和消费税的单位和个人。这里的单位和个人具体包括国有企业、集体企业、私营企业、股份制企业、其他企业和行政单位、事业单位、军事单位、社会团体和其他单位，以及个体工商户和其他个人。根据国务院发布的《国务院关于统一内外资企业和个人城市维护建设税和教育费附加制度的通知》，自2010年12月1日起，对外商投资企业、外国企业及外籍个人征收教育费附加。

（三）教育费附加的应纳税额

教育费附加的计征依据：教育费附加以纳税人实际缴纳的增值税和消费税为计征依据，并且分别与增值税、消费税同时缴纳。教育费附加的纳税人违反增值税和消费税的有关税法规定而被加收的滞纳金和罚金，不作为教育费附加的计征依据。

（四）教育费附加的减免规定

教育费附加的减免规定主要包括：

1. 对海关进口的产品征收的增值税和消费税，不征收教育费附加。

2. 教育费附加的纳税人在被减征或者免征增值税和消费税时，应该同时免征或者减征教育费附加。但对出口产品退还增值税和消费税的，不退还已征的教育费附加。

三、地方教育附加

（一）地方教育附加的概念

地方教育附加是对在本省、自治区、直辖市的行政区域内缴纳增值税和消费税的单位和个人，以其缴纳的增值税和消费税的税额为计征依据而征收的一种地方政府性基金。地方教育附加主要用于增加地方教育的资金投入，从而促进本省、自治区、直辖市的教育事业发展。

（二）中国地方教育附加的征收制度

目前，中国关于地方教育附加的规定主要为财政部于 2010 年 11 月发布的《财政部关于统一地方教育附加政策有关问题的通知》。《财政部关于统一地方教育附加政策有关问题的通知》是为贯彻落实《国家中长期教育改革和发展规划纲要（2010—2020 年）》而发布。除此之外，还有国务院于 2011 年 7 月 1 日发布的《国务院关于进一步加大财政教育投入的意见》。

中国对于地方教育附加的要求是：应该全面开征地方教育附加，各地区要加强收入征管，依法足额征收，不得随意减免。省、自治区、直辖市人民政府根据国务院的有关规定，可以决定开征用于教育的地方附加费，专款专用。要按照规定将地方教育附加全部用于支持地方教育事业发展，同时，不得因此而减少其他应由公共财政预算安排的教育经费。

地方教育附加的纳税人是在本省、自治区、直辖市缴纳增值税和消费税的单位和个人。根据国务院发布的《国务院关于统一内外资企业和个人城市维护建设税和教育费附加制度的通知》，自 2010 年 12 月 1 日起，对外商投资企业、外国企业及外籍个人征收地方教育附加。

地方教育附加的征税范围即为在本省、自治区、直辖市缴纳增值税和消费税的税额。地方教育附加的计征比率为 2%。地方教育附加的计算公式为：

地方教育附加 = （实际缴纳增值税 + 消费税税额） ×2%。

【风险提示】

教育费附加的纳税人在被查补增值税和消费税和被处以罚款时，应该同时补征其偷漏的教育费附加，并且征收滞纳金和罚金。

教育费附加的计征比率为 3%。

【法条指引】

征收教育费附加的暂行规定（节录）

第三条 教育费附加，以各单位和个人实际缴纳的增值税、营业税、消费税的税额为计征依据，教育费附加率为 3%，分别与增值税、营业税、消费税同时缴纳。

除国务院另有规定者外，任何地区、部门不得擅自提高或者降低教育费附加率。

第五条 教育费附加由税务机关负责征收。

教育费附加纳入预算管理，作为教育专项资金，根据“先收后支、列收列支、收支平衡”的原则使用和管理。地方各级人民政府应当依照国家有关规定，使预算内教育事业费逐步增长，不得因教育费附加纳入预算专项资金管理而抵顶教育事业费拨款。

第八条 地方征收的教育费附加，按专项资金管理，由教育部门统筹安排，提出分配方案，商同级财政部门同意后，用于改善中小学教学设施和办学条件，不得用于职工福利和发放奖金。

铁道系统、中国人民银行总行、各专业银行总行、保险总公司随同营业税上缴的教育费附加，由国家教育委员会按年度提出分配方案，商财政部同意后，用于基础教育的薄弱环节。

地方征收的教育费附加，主要留归当地安排使用。省、自治区、直辖市可根据各地征收教育费附加的实际情况，适当提取一部分数额，用于地区之间的调剂、平衡。

第七节 船舶吨税

【规则要点】

船舶吨税是海关对进出本国港口的船舶按其净吨位征收的一种税。这是针对船舶使用海上航标等助航设施的行为设置的税种。1952 年经原政务院财政经济委员会批准，海关总署发布了《中华人民共和国海关船舶吨税暂行办法》。在此基础上，2011 年 12 月国务院制定了《中华人民共和国船舶吨税暂行条例》。2017 年 12 月 27 日第十二届全国人民代表大会常务委员会第三十一次会议通过了《中华人民共和国船舶吨税法》，该法自 2018 年 7 月 1 日起施行，并明确宣布 2011 年 12 月 5 日国务院公布的《中华人民共和国船舶吨税暂行条例》同时废止。

【理解与适用】

一、船舶吨税的征税范围

船舶吨税的征税范围是自中华人民共和国境外港口进入境内港口的船舶，即为应税船舶。这里的“船舶”，既包括中华人民共和国籍的船舶，也包括其他国家籍的船舶。

二、船舶吨税的纳税人

船舶吨税的纳税人是应税船舶的负责人。应税船舶的负责人主要是指拥有或租有进出中国港口的国际航行船舶的单位和个人。

三、船舶吨税的应纳税额

（一）船舶吨税的计税依据

船舶吨税的计税依据为船舶的净吨位。净吨位，是指由船籍国（地区）政府签发或者授权签发的船舶吨位证明书上标明的净吨位。净吨位的计算，以丈量得到的各载货处所的总容积为基准，并考虑乘客定额以及船舶总吨位和船型尺度，用公式计算求得。

（二）船舶吨税的税率

船舶吨税的税率采用定额税率。船舶吨税的执照期限分为三种：1 年、90 日、30 日。吨税执照期限，是指按照公历年、日计算的期间。税率随着三类执照期限的不同而不同。除此之外，中华人民共和国籍的应税船舶，船籍国（地区）与中华人民共和国签订含有相互给予船舶税费最惠国待遇条款的条约或者协定的应税船舶，适用优惠税率。其他应税船舶，适用普通税率。这两类船舶吨税的具体税率如下：

1. 不超过 2000 净吨的船舶，执照期限为 1 年的普通税率为 12.6 元/净吨，优惠税率为 9.0 元/净吨；执照期限为 90 日的普通税率为 4.2 元/净吨，优惠税率为 3.0 元/净吨；执照期限为 30 日的普通税率为 2.1 元/净吨，优惠税率为 1.5 元/净吨；

2. 超过 2000 净吨，但不超过 10000 净吨的船舶，执照期限为 1 年的普通税率为 24.0 元/净吨，优惠税率为 17.4 元/净吨；执照期限为 90 日的普通税率为 8.0 元/净吨，优惠税率为 5.8 元/净吨；执照期限为 30 日的普通税率为 4.0 元/净吨，优惠税率为 2.9 元/净吨；

3. 超过 10000 净吨，但不超过 50000 净吨的船舶，执照期限为 1 年的普通税率为 27.6 元/净吨，优惠税率为 19.8 元/净吨；执照期限为 90 日的普通税率为 9.2 元/净吨，优惠税率为 6.6 元/净吨；执照期限为 30 日的普通税率为 4.6 元/净吨，优惠税率为 3.3 元/净吨；

4. 超过 50000 净吨的船舶，执照期限为 1 年的普通税率为 31.8 元/净吨，优惠税率为 22.8 元/净吨；执照期限为 90 日的普通税率为 10.6 元/净吨，优惠税率为 7.6 元/净吨；执照期限为 30 日的普通税率为 5.3 元/净吨，优惠税率为 3.8 元/净吨。

(三) 船舶吨税的计算方法

船舶吨税的应纳税额 = 船舶净吨位 × 适用税率

吨税税款、税款滞纳金、罚款以人民币计算。

四、船舶吨税的税收优惠

(一) 直接优惠

根据船舶吨税法规定，下列船舶免征吨税：

1. 应纳税额在人民币 50 元以下的船舶；

2. 自境外以购买、受赠、继承等方式取得船舶所有权的初次进口到港的空载船舶；

3. 吨税执照期满后 24 小时内不上下客货的船舶；

4. 非机动船舶（不包括非机动驳船）。非机动船舶，是指自身没有动力装置，依靠外力驱动的船舶。非机动驳船，是指在船舶登记机关登记为驳船的非机动船舶；

5. 捕捞、养殖渔船，是指在中华人民共和国渔业船舶管理部门登记为捕捞船或者养殖船的船舶；

6. 避难、防疫隔离、修理、改造、终止运营或者拆解，并不上下客货的船舶；

7. 军队、武装警察部队专用或者征用的船舶；

8. 警用船舶；

9. 依照法律规定应当予以免税的外国驻华使领馆、国际组织驻华代表机构及其有关人员的船舶；

10. 国务院规定的其他船舶，这类由国务院报全国人民代表大会常务委员会备案。

(二) 延期优惠

在船舶吨税执照期限内，应税船舶发生下列情形之一的，海关按照实际发生的天数批注延长吨税执照期限：

1. 避难、防疫隔离、修理、改造，并不上下客货；

2. 军队、武装警察部队征用。

五、船舶吨税的征收管理

(一) 船舶吨税的纳税义务发生时间

应税船舶在进入港口办理入境手续时，应当向海关申报纳税领取吨税执照，或者交验船舶吨税执照（或者申请核验吨税执照电子信息）。船舶吨税纳税义务发生时间为应税船舶进入港口的当日。应税船舶在吨税执照期满后尚未离开港口的，应当申领新的吨税执照，自上一次执照期满的次日起续缴吨税。应税船舶在离开港口办理出境手续时，应当交验吨税执照（或者申请核验吨税执照电子信息）。

（二）船舶吨税的纳税期限

应税船舶负责人应当自海关填发吨税缴款凭证之日起 15 日内缴清税款。未按期缴清税款的，自滞纳税款之日起至缴清税款之日止，按日加收滞纳税款 5/10000 的税款滞纳金。

（三）船舶吨税的纳税申报

吨税按照船舶净吨位和吨税执照期限征收。应税船舶负责人在每次申报纳税时，可以按照《吨税税目税率表》选择申领一种期限的吨税执照。

（四）船舶吨税的纳税环节

船舶吨税由海关负责征收。海关征收吨税应当制发缴款凭证。应税船舶负责人缴纳吨税或者提供担保后，海关按照其申领的执照期限填发吨税执照。

应税船舶负责人申领吨税执照时，应当向海关提供下列文件：

一是船舶国籍证书或者海事部门签发的船舶国籍证书收存证明。

二是船舶吨位证明。

应税船舶到达港口前，经海关核准先行申报并办结出入境手续的，应税船舶负责人应当向海关提供与其依法履行吨税缴纳义务相适应的担保；应税船舶到达港口后，依照船舶吨税法规定向海关申报纳税。

下列财产、权利可以用于担保：

（1）人民币、可自由兑换货币；

（2）汇票、本票、支票、债券、存单；

（3）银行、非银行金融机构的保函；

（4）海关依法认可的其他财产、权利。

应税船舶因不可抗力在未设立海关地点停泊的，船舶负责人应当立即向附近海关报告，并在不可抗力原因消除后，依照船舶吨税法的规定向海关申报纳税。

海关发现少征或者漏征税款的，应当自应税船舶应当缴纳税款之日起 1 年内，补征税款。但因应税船舶违反规定造成少征或者漏征税款的，海关可以自应当缴纳税款之日起3年内追征税款，并自应当缴纳税款之日起按日加征少征或者漏征税款5/10000的税款滞纳金。海关发现多征税款的，应当在24小时内通知应税船舶办理退还手续，并加算银行同期活期存款利息。应税船舶发现多缴税款的，可以自缴纳税款之日起3年内以书面形式要求海关退还多缴的税款并加算银行同期活期存款利息；海关应当自受理退税申请之日起30日内查实并通知应税船舶办理退还手续。应税船舶应当自收到通知之日起3个月内办理有关退还手续。

船舶吨税的征收，船舶吨税法未作规定的，依照有关税收征收管理的法律、行政法规的规定执行。

（五）船舶吨税执照的特殊情形

应税船舶在吨税执照期限内，因修理、改造导致净吨位变化的，吨税执照继续有效。应税船舶办理出入境手续时，应当提供船舶经过修理、改造的证明文件。应税船舶在吨税执照期限内，因税目税率调整或者船籍改变而导致适用税率变化的，吨税执照继续有效。因船籍改变而导致适用税率变化的，应税船舶在办理出入境手续时，应当提供船籍改变的证明文件。吨税执照在期满前毁损或者遗失的，应当向原发照海关书面申请核发吨税执照副本，不再补税。

【风险提示】

1. 拖船按照发动机功率每千瓦折合净吨位0.67吨。拖船，是指专门用于拖（推）动运输船舶的专业作业船舶。

2. 无法提供净吨位证明文件的游艇，按照发动机功率每千瓦折合净吨位0.05吨。

3. 拖船和非机动驳船分别按相同净吨位船舶税率的50%计征税款。

【法条指引】

中华人民共和国船舶吨税法（节录）

第三条 吨税设置优惠税率和普通税率。

中华人民共和国籍的应税船舶，船籍国（地区）与中华人民共和国签订含有相互给予船舶税费最惠国待遇条款的条约或者协定的应税船舶，适用优惠税率。

其他应税船舶，适用普通税率。

第四条 吨税按照船舶净吨位和吨税执照期限征收。

应税船舶负责人在每次申报纳税时，可以按照《吨税税目税率表》选择申领一种期限的吨税执照。

第五条 吨税的应纳税额按照船舶净吨位乘以适用税率计算。

第七条 应税船舶在进入港口办理入境手续时，应当向海关申报纳税领取吨税执照，或者交验吨税执照（或者申请核验吨税执照电子信息）。应税船舶在离开港口办理出境手续时，应当交验吨税执照（或者申请核验吨税执照电子信息）。

应税船舶负责人申领吨税执照时，应当向海关提供下列文件：

（一）船舶国籍证书或者海事部门签发的船舶国籍证书收存证明；

（二）船舶吨位证明。

应税船舶因不可抗力在未设立海关地点停泊的，船舶负责人应当立即向附近海关报告，并在不可抗力原因消除后，依照本法规定向海关申报纳税。

第八条 吨税纳税义务发生时间为应税船舶进入港口的当日。

应税船舶在吨税执照期满后尚未离开港口的，应当申领新的吨税执照，自上一次执照期满的次日起续缴吨税。

第九条 下列船舶免征吨税：

（一）应纳税额在人民币五十元以下的船舶；

（二）自境外以购买、受赠、继承等方式取得船舶所有权的初次进口到港的空载船舶；

（三）吨税执照期满后二十四小时内不上下客货的船舶；

（四）非机动船舶（不包括非机动驳船）；

（五）捕捞、养殖渔船；

（六）避难、防疫隔离、修理、改造、终止运营或者拆解，并不上下客货的船舶；

（七）军队、武装警察部队专用或者征用的船舶；

（八）警用船舶；

（九）依照法律规定应当予以免税的外国驻华使领馆、国际组织驻华代表机构及其有关人员的船舶；

（十）国务院规定的其他船舶。

前款第十项免税规定，由国务院报全国人民代表大会常务委员会备案。

第十条 在吨税执照期限内，应税船舶发生下列情形之一的，海关按照实际发生的天数批注延长吨税执照期限：

（一）避难、防疫隔离、修理、改造，并不上下客货；

（二）军队、武装警察部队征用。

第十二条 应税船舶负责人应当自海关填发吨税缴款凭证之日起十五日内缴清税款。未按期缴清税款的，自滞纳税款之日起至缴清税款之日止，按日加收滞纳税款万分之五的税款滞纳金。

第十三条 应税船舶到达港口前，经海关核准先行申报并办结出入境手续的，应税船舶负责人应当向海关提供与其依法履行吨税缴纳义务相适应的担保；应税船舶到达港口后，依照本法规定向海关申报纳税。

下列财产、权利可以用于担保：

（一）人民币、可自由兑换货币；

（二）汇票、本票、支票、债券、存单；

（三）银行、非银行金融机构的保函；

（四）海关依法认可的其他财产、权利。

第十七条 海关发现少征或者漏征税款的，应当自应税船舶应当缴纳税款之日起一年内，补征税款。但因应税船舶违反规定造成少征或者漏征税款的，海关可以自应当缴纳税款之日起三年内追征税款，并自应当缴纳税款之日起按日加征少征或者漏征税款万分之五的税款滞纳金。

海关发现多征税款的，应当在二十四小时内通知应税船舶办理退还手续，并加算银行同期活期存款利息。

应税船舶发现多缴税款的，可以自缴纳税款之日起三年内以书面形式要求海关退还多缴的税款并加算银行同期活期存款利息；海关应当自受理退税申请之日起三十日内查实并通知应税船舶办理退还手续。

应税船舶应当自收到本条第二款、第三款规定的通知之日起三个月内办理有关退还手续。

第六章

资源税类的税收制度

第一节　资源税概述

【规则要点】

资源税，是指以自然资源为征税对象的一类税。资源税是根据宪法规定，国家基于对自然资源的所有权和行政权力而对资源的开发利用者征收的税。

【理解与适用】

根据征税的目的和意义不同，资源税可以具体区分为一般资源税和级差资源税：一般资源税是指国家对使用某种自然资源的单位和个人取得应税资源的使用权而普遍征收的一种税，通过规定国有自然资源的有偿使用而实现政府保护自然资源和限制自然资源开采的目的；级差资源税是指国家对开发和利用自然资源的单位和个人基于资源条件的差异而取得的级差收入而征收的一种税，通过调节自然资源的级差收入而为企业创造平等竞争的外部条件。

对于目前中国的资源税，广义上是对在中国境内有开采应税矿产品、生产盐、使用国家土地、把农业耕地转为非农业使用以及转让国有土地使用权等行为的单位和个人所征收的一类税；狭义上是对在中国境内开采应税矿产品和生产盐的单位和个人所征收的一类税。

中国的资源税的特点具体如下：

1. 征税对象为特定资源。中国现行的资源税的征税对象仅限于矿产品、盐和土地资源，而不包括森林资源、海洋资源、水资源、地热资源等其他具有生态环境价值的自然资源。

2. 具有特定的目的。政府征收资源税是为了促进自然资源的合理开采、节约使用和有效配置，从而实现政府保护生态环境和资源合理开发的目的。

3. 具有级差性。中国资源税通过对同一资源实行不同的差别税率，可以直接调节因资源条件不同而产生的级差收入。

4. 实行从量定额征收。资源税的税额是根据应税资源的不同品种以及同一品种的不同资源确定，并且根据各种资源的计量单位确定单位数额。

第二节 资源税

【规则要点】

本节的资源税指的是狭义的资源税。资源税即指对在中国境内开采应税矿产品和生产盐的单位和个人所征收的一类税。

【理解与适用】

一、资源税的作用

资源税是用以促进资源开采企业的公平竞争、合理调节资源开发企业的级差收入以及合理开发利用自然资源的一种税。

二、资源税的税收制度

目前，中国资源税的规定主要为：国务院于2011年9月公布的《中华人民共和国资源税暂行条例》，以及财政部、国家税务总局于2011年10月公布的《中华人民共和国资源税暂行条例实施细则》。

（一）资源税的征税范围

中国资源税的征税范围包括矿产品和盐两大类资源。矿产品包括原油、天然气、煤炭、其他非金属矿原矿、黑色金属原矿和有色金属矿。盐包括固体盐和液体盐。

具体介绍如下：

1. 原油

原油指专门开采的天然原油，不包括人造石油。原油包括稠油、高凝油和稀油。

2. 天然气

天然气指专门开采和与原油同时开采的天然气，暂不包括煤矿生产的天然气。

3. 煤炭

煤炭指原煤，不包括洗煤、选煤及其他煤炭制品。原煤是指直接从地下开采出来，未经过洗选加工的煤。

4. 其他非金属矿原矿

其他非金属矿原矿是指上列产品和井矿盐以外的非金属矿原矿。

5. 黑色金属矿原矿

黑色金属矿原矿是指纳税人开采后自用、销售的，用于直接入炉冶炼或作为主产品先入选精矿、制造人工矿、再最终入炉冶炼的金属矿原矿。

6. 有色金属矿原矿

有色金属矿原矿是指纳税人开采后自用、销售的，用于直接入炉冶炼或作为主产品先入选精矿、制造人工矿、再最终入炉冶炼的金属矿原矿。

7. 固体盐

固体盐具体包括海盐原盐、湖盐原盐和井矿盐。

8. 液体盐

液体盐是指氯化钠含量达到一定浓度的溶液，是用于生产碱和其他产品的原料。

（二）资源税的纳税人、扣缴义务人

资源税的纳税人是指在中国境内开采应税矿产品或者生产盐的单位和个人。这里的单位包括国有企业、集体企业、私营企业、股份制企业、外商投资企业、外国企业、事业单位、社会团体、国家机关、部队等。这里的个人包括个体工商户以及其他个人，既包括中国公民又包括外国公民。

（三）资源税的应纳税额

1. 资源税的计税依据

资源税的计税依据采取从价定率和从量定额相结合的方法，因此资源税的计税依据为：实行从价计征征收方法的计税依据为应税资源的销售额，实行从量定额征收方法的计税依据为应税资源的销售数量。

具体规定如下：

（1）销售额

资源税的销售额，包括纳税人销售应税产品向购买方收取的全部价款和价外费用，但不包括收取的增值税销项税额。价外费用是指销售方价外向购买方收取的手续费、补贴、基金、集资费、返还利润、奖励费、违约金、缴纳金、延期付款利息、赔偿金、代收款项、代垫款项、包装费、包装物租金、储备费、优质费、运输装卸费以及其他各种性质的价外收费。

但下列项目不包括在价外收费内：

① 同时符合以下条件的代垫运输费用：

a. 承运部门的运输发票开具给购买方的；

b. 纳税人将该项发票转交给购买方的。

② 同时符合以下条件代为收取的政府性基金或者行政事业性收费：

a. 由国务院或者财政部批准设立的政府性基金，由国务院或者省级人民政府及其财政、价格主管部门批准设立的行政事业性收费；

b. 收取时开具省级以上财政部门印制的财政票据；

c. 所收款项全额上缴财政。

特殊规定如下：

① 纳税人申报的应税产品销售额明显偏低并且无正当理由的、有视同销售应税产品行为而无销售额的，除财政部、国家税务总局另有规定外，按下列顺序确定销售额：

a. 按纳税人最近时期同类产品的平均销售价格确定；

b. 按其他纳税人最近时期同类产品的平均销售价格确定；

c. 按组成计税价格确定。

组成计税价格的计算公式为：

$$组成计税价格 = 成本 \times （1 + 成本利润率） \div （1 - 税率）$$

公式中的成本是指应税产品的实际生产成本。公式中的成本利润率由省、自治区、直辖市税务机关确定。

② 纳税人以人民币以外的货币结算销售额的，应当折合成人民币计算。其销售额的人民币折合率可以选择销售额发生的当天或者当月1日的人民币汇率中间价。纳税人应在事先确定采用何种折合率计算方法，确定后1年内不得变更。

（2）销售数量

资源税的销售数量，包括纳税人开采或者生产应税产品的实际销售数量和视同销售的自用数量。纳税人开采或者生产应税产品销售的，以实际销售数量为销售数量。纳税人开采或者生产应税产品自用的，以移送时的自用数量视同销售数量。

特殊规定如下：

① 纳税人不能准确提供应税产品销售数量的，以应税产品的产量或者主管税务机关确定的折算比换算成的数量为计征资源税的销售数量；

② 原油中的稠油、高凝油、稀油划分不清或不易划分的，一律按照原油的数量课税；

③ 对于连续加工前无法正确计算原煤移送使用量的煤炭，可按加工产品的综合回收率，将加工产品实际销量和自用量折算成原煤数量，以此作为课税数量；

计算公式为：

原煤课税数量 = 加工产品实际销量和自用量 ÷ 综合回收率（%）

④ 金属和非金属矿产品原矿，因无法准确掌握纳税人移送使用原矿数量的，可将其精矿按选矿比折算成原矿数量，以此作为课税数量；

计算公式为：

原矿课税数量 = 精矿数量 ÷ 选矿比（%）

⑤ 纳税人以自产的液体盐加工固体盐的，按固体盐税额征税，以加工的固体盐数量为课税数量。纳税人以外购的液体盐加工成固体盐的，其加工固体盐所耗用液体盐的已纳税额准予抵扣。

2. 资源税的税率

中国现行资源税实行普遍征收、级差调节的征收原则。普遍征收即指对在中国境内开采的所有应税矿产品和生产盐征收资源税；级差调节即指对因为自然资源的资源储存情况、开采条件、资源优劣、自然资源所处的地理位置等客观条件差别而产生的级差收入，通过实施差别税额、税率标准来进行调节。

资源税的税目税率具体如下：

（1）原油的税率为销售额的5%—10%；

（2）天然气的税率为销售额的5%—10%；

（3）煤炭包括焦煤和其他煤炭。焦煤的税率为每吨8—20元，其他煤炭的税率为每吨0.3—5元；

（4）其他非金属矿原矿包括普通非金属矿原矿和贵重非金属矿原矿。普通非金属矿原矿的税率为每吨或者每立方米0.5—20元，贵重非金属矿原矿的税率为每千克或者每克拉0.5—20元；

（5）黑色金属矿原矿的税率为每吨2—30元；

（6）有色金属矿原矿包括稀土矿和其他有色金属矿原矿。稀土矿的税率为每吨0.4—60元，其他有色金属矿原矿的税率为每吨0.4—30元；

（7）盐包括固体盐和液体盐。固体盐的税率为每吨10—60元，液体盐的税率为每吨2—10元。

特殊规定如下：

（1）纳税人开采或者生产不同税目应税产品的，应当分别核算不同税目应税产品的销售额或者销售数量；未分别核算或者不能准确提供不同税目应税产品的销售额或者销售数量的，从高适用税率；

（2）矿产品等级的划分，按《中华人民共和国资源税暂行条例实施细则》所附《几个主要品种的矿山资源等级表》执行。对于划分资源等级的应税产品，其《几个主要品种的矿山资源等级表》中未列举名称的纳税人适用的税率，由省、自治区、直辖市人民政府根据纳税人的资源状况，参照《资源税税目税率明细表》和《几个主要品种的矿山资源等级表》中确定的邻近矿山或者资源状况、开采条件相近矿山的税率标准，在浮动30%的幅度内核定，并报财政部和国家税务总局备案；

（3）独立矿山、联合企业收购未税矿产品的，按照本单位应税产品税额标准，依据收购的数量代扣代缴资源税。其他收购单位收购的未税矿产品，按主管税务机关核定的应税产品税额标准，依据收购的数量代扣代缴资源税；

（4）资源税税目、税额幅度的确定和调整，由国务院决定。

3. 资源税的计算方法

（1）实行从价计征的资源税应纳税额的计算公式为：

应纳税额 = 销售额 × 比例税率

（2）实行从量计征的资源税应纳税额的计算公式为：

应纳税额 = 销售数量 × 定额税率

（3）扣缴义务人代扣代缴的资源税应纳税额的计算公式为：

代扣代缴应纳税额 = 收购未税矿产品的数量 × 适用的单位税额

（四）资源税的税收优惠

资源税的减免税具体规定如下：

1. 开采原油过程中用于加热、修井的原油免税；

2. 纳税人开采或者生产应税产品过程中，因意外事故或者自然灾害等原因遭受重大损失的，由省、自治区、直辖市人民政府酌情决定减税或者免税；

3. 对国务院规定的其他减税、免税项目进行减税或者免税；

4. 纳税人的减税、免税项目，应当单独核算销售额或者销售数量；未单独核算或者不能准确提供销售额或者销售数量的，不予减税或者免税。

（五）资源税的征收管理

1. 资源税的纳税地点

纳税人应纳的资源税，应当向应税产品的开采或者生产所在地主管税务机关缴纳。纳税人在本省、自治区、直辖市范围内开采或者生产应税产品，其纳税地点需要调整的，由省、自治区、直辖市税务机关决定。跨省、自治区、直辖市开采或者生产资源税应税产品的纳税人，其下属生产单位与核算单位不在同一省、自治区、直辖市的，对其开采或者生产的应税产品，一律在开采地或者生产地纳税。实行从量计征的应税产品，其应纳税款一律由独立核算的单位按照每个开采地或者生产地的销售量及适用税率计算划拨；实行从价计征的应税产品，其应纳税款一律由独立核算的单位按照每个开采地或者生产地的销售量、单位销售价格及适用税率计算划拨。

2. 资源税的纳税申报

纳税人应该按照主管机关核定的纳税期限，如实填写并且报送《资源税纳税申报表》。纳税人在资源税纳税申报时，除财政部、国家税务总局另有规定外，应当将其应税和减免税项目分别计算和报送。

3. 资源税的纳税义务发生时间

根据纳税人的生产经营、贷款结算方式和资源税征收的不同情形，资源税的纳税义务发生时间的具体规定如下：

（1）纳税人采取分期收款结算方式的，其纳税义务发生时间，为销售合同规定的收款日期的当天；

（2）纳税人采取预收货款结算方式的，其纳税义务发生时间，为发出应税产品的当天；

（3）纳税人采取其他结算方式的，其纳税义务发生时间，为收讫销售款或者取得索取销售款凭据的当天；

（4）纳税人自产自用应税产品的纳税义务发生时间，为移送使用应税产品的当天；

（5）扣缴义务人代扣代缴税款的纳税义务发生时间，为支付货款的当天。

4. 资源税的纳税期限

资源税的纳税期限是指纳税人发生了资源税纳税义务后缴纳税款的期限。资源税的纳税人的纳税期限为 1 日、3 日、5 日、10 日、15 日或者 1 个月，由主管税务机关根据实际情况具体核定。不能按固定期限计算纳税的，可以按次计算纳税。

资源税的纳税人以 1 个月为 1 期纳税的，自期满之日起 10 日内申报纳税；以 1 日、3 日、5 日、10 日或者 15 日为 1 期纳税的，自期满之日起 5 日内预缴税款，于次月 1 日起 10 日内申报纳税并结清上月税款。扣缴义务人的解缴税款期限，比照上述规定执行。

【风险提示】

对进口应税资源产品不征收资源税，相应地对出口应税产品不免征或者退还已缴纳的资源税。

1. 进口的资源产品不属于资源产品的征税范围。因此，进口资源产品的单位和个人不是资源税的纳税人。

2. 在财政部、国家税务总局于2014年10月发布的《财政部、国家税务总局关于调整原油、天然气资源税有关政策的通知》中规定，开采海洋或陆上油气资源的中外合作油气田，在2011年11月1日前已签订的合同继续缴纳矿区使用费，不缴纳资源税；自2011年11月1日起新签订的合同缴纳资源税，不再缴纳矿区使用费。

除此之外，为了加强资源税的征管，主要是适应税源小、零散、不定期开采、易漏税等税务机关认为不易控管、由扣缴义务人在收购时代扣代缴未税矿产品资源税为宜的情况。资源税暂行条例还规定了扣缴义务人。扣缴义务人在收购未税矿产品时代扣代缴资源税，具体包括独立矿山、联合企业以及其他收购未税矿产品的单位。独立矿山是指只有采矿或者只有采矿和选矿，独立核算，自负盈亏的单位，其生产的原矿和精矿主要用于对外销售。联合产业是指采矿、选矿、冶炼连续生产的企业或者采矿、冶炼连续生产的企业，其采矿单位一般是该企业的二级或者二级以下核算单位。其他单位包括收购未税矿产品的个体户在内。

【相关案例】

四川省某公司与李某某合同纠纷案

2007年5月，四川省某公司依法取得位于某地为期10年的采矿权。2008年3月3日，某公司与李某某签订《承包开采、加工、供应矿石协议》，将某公司取得的上述矿山采矿权承包给李某某经营。2010年6月13日，某公司与李某某签订了《石灰石开采补充协议》，对承包协议进行了补充约定。在承包期间的纳税申报、行政处罚以及缴纳矿山土地使用费的主体均为某公司。资源税缴纳的品种包含黄沙和石灰石，李某某只提供石灰石。2013年12月26日，某公司与李某某自愿达成《解除承包合同协议》，约定解除甲乙双方签订的承包协议、补充协议。随后，某公司向一审法院起诉请求判令李某某支付承包期间某公司代其缴纳的矿产资源税、土地使用费、国土及林业主管部门没收违法所得及罚款以及植被恢复费。

根据资源税暂行条例第1条和第9条的规定，开采矿产品须缴纳资源税，但税务部门对资源税的征收时间发生在矿产品的销售、使用阶段，并不是在矿产品开采阶段。本案中，由于某公司为案涉石灰石矿的采矿权人，且李某某开采矿石均用于某公司自行生产水泥制品，故在李某某开采、加工、运输矿石环节，资源税尚未实际缴纳，案涉矿产资源税的实际缴纳时间是在某公司使用矿石阶段。

【法条指引】

中华人民共和国资源税暂行条例（节录）

第四条 资源税的应纳税额，按照从价定率或者从量定额的办法，分别以应税产品的销售额乘以纳税人具体适用的比例税率或者以应税产品的销售数量乘以纳税人具体适用的定额税率计算。

第五条 纳税人开采或者生产不同税目应税产品的，应当分别核算不同税目应税产品的销售额或者销售数量；未分别核算或者不能准确提供不同税目应税产品的销售额或者销售数量的，从高适用税率。

第六条 纳税人开采或者生产应税产品，自用于连续生产应税产品的，不缴纳资源税；自用于其他方面的，视同销售，依照本条例缴纳资源税。

第七条 有下列情形之一的，减征或者免征资源税：

（一）开采原油过程中用于加热、修井的原油，免税。

（二）纳税人开采或者生产应税产品过程中，因意外事故或者自然灾害等原因遭受重大损失的，由省、自治区、直辖市人民政府酌情决定减税或者免税。

（三）国务院规定的其他减税、免税项目。

第八条 纳税人的减税、免税项目，应当单独核算销售额或者销售数量；未单独核算或者不能准确提供销售额或者销售数量的，不予减税或者免税。

第九条 纳税人销售应税产品，纳税义务发生时间为收讫销售款或者取得索取销售款凭据的当天；自产自用应税产品，纳税义务发生时间为移送使用的当天。

第三节 城镇土地使用税

【规则要点】

城镇土地使用税，是指以国有土地为征税对象、以实际占用的土地面积作为计税标准，按照规定税额对拥有土地使用权的单位和个人征收的一种税。

【理解与适用】

一、城镇土地使用税的特点

中国城镇土地使用税的特点主要为：

其一，征税对象为国有土地。

根据宪法规定，城镇土地的所有权归于国家，因此开征城镇土地使用税实际上是运用国家政治权力，将纳税人获取的本应该属于国家的土地收益集中归于国家。

其二，征税范围广泛。

中国的城镇土地使用税是对在中国境内使用土地的单位和个人征收。

其三，实行差别税额。

城镇土地使用税是为了合理利用城镇土地，调节土地级差收入，提高土地使用效益，加强土地管理而开征的一种税。因此城镇土地使用税对不同城镇、同一城镇的不同地段都适用不同税额。

二、城镇土地使用税的税收制度

目前，中国关于城镇土地使用税的规定主要为国务院于2019年3月修正的《中华人民共和国城镇土地使用税暂行条例》。

（一）城镇土地使用税的征税范围

城镇土地使用的征税范围具体包括城市、县城、建制镇和工矿区内的国家所有、集体所有的土地。上述城市、县城、建制镇和工矿区的确认标准如下：城市是指经国务院批准设立的市，城市的土地包括市区和郊区的土地；县城是指县人民政府所在地，县城的土地是指人民政府所在地的城镇的土地；建制镇是指经省、自治区、直辖市人民政府批准设立的建制镇，建制镇的土地是指镇人民政府所在地的土地；工矿区是指工商业比较发达，人口比较集中，符合国务院规定的建制镇标准，但尚未设立建制镇的大中型工矿企业所在地。工矿区须经省、自治区、直辖市人民政府批准。

（二）城镇土地使用税的纳税人

城镇土地使用税的纳税人是指在城市、县城、建制镇、工矿区范围内使用土地的单位和个人。这里所指的单位，具体包括国有企业、集体企业、私营企业、股份制企业、外商投资企业、外国企业，以及其他企业和事业单位、社会团体、国家机关、军队以及其他单位。这里所指的个人，包括个体工商户以及其他个人。

城镇土地使用税的纳税人根据不同情况具体规定如下：

（1）拥有土地使用权的单位或个人；

（2）拥有土地使用权的单位或个人，不在土地所在地的，城镇土地使用税的纳税人为其土地的代管人或实际使用人；

（3）土地使用权属尚未确定或权属纠纷未解决的，城镇土地使用税的纳税人为其实际使用人；

（4）土地使用权共有的，城镇土地使用税的纳税人为共有各方，城镇土地使用税由共有各方分别缴纳。

（三）城镇土地使用税的应纳税额

1. 城镇土地使用税的计税依据

城镇土地使用税的计税依据是纳税人实际占用的土地面积。土地面积的计量标准为平方米。

城镇土地使用税的纳税人实际占用的土地面积的具体确定办法如下：

（1）由省、自治区、直辖市人民政府确定的单位组织测定土地面积的，以测定的面积为准；

（2）尚未组织测量，但纳税人持有政府部门核发的土地使用证书的，以证书确认的土地面积为准；

（3）尚未核发土地使用证书的，应由纳税人申报土地面积，据以纳税，待核发土地使用证以后再作调整。

2. 城镇土地使用税的税率

城镇土地使用税采用定额税率，即采用有幅度的差别税额。按大、中、小城市和县城、建制镇、工矿区分别规定每平方米城镇土地使用税年应纳税额。

城镇土地使用税每平方米年税额标准的具体规定如下：

（1）大城市 1.5—30 元；

（2）中等城市 1.2—24 元；

（3）小城市 0.9—18 元；

（4）县城、建制镇、工矿区 0.6—12 元。

省、自治区、直辖市人民政府应当在上述税额幅度内，根据市政建设状况、经济繁荣程度等条件，确定所辖地区的适用税额幅度。市、县人民政府应当根据实际情况，将本地区土地划分为若干等级，在省、自治区、直辖市人民政府确定的税额幅度内，制定相应的适用税额标准，报省、自治区、直辖市人民政府批准执行。经省、自治区、直辖市人民政府批准，经济落后地区土地使用税的适用税额标准可以适当降低，但降低额不得超过最低税额的 30%。经济发达地区土地使用税的适用税额标准可以适当提高，但须报经财政部批准。

3. 城镇土地使用税的计算方法

城镇土地使用税的计算公式为：

全年应纳税额 = 实际占用应税土地面积（平方米）× 适用税额

土地使用权由几方共有的，由共有各方按照各自实际使用的土地面积占总面积的比例，分别计算缴纳城镇土地使用税。

（四）城镇土地使用税的税收优惠

城镇土地使用税的税收优惠具体包括为法定的免税项目和省、自治区、直辖市地方税务局确定的减免税项目。

具体规定如下：

1. 法定的免税项目

（1）国家机关、人民团体、军队自用的土地，免征城镇土地使用税；

（2）由国家财政部门拨付事业经费的单位自用的土地，免征城镇土地使用税；

（3）宗教寺庙、公园、名胜古迹自用的土地免征城镇土地使用税；

（4）市政街道、广场、绿化地带等公共用地，免征城镇土地使用税；

（5）直接用于农、林、牧、渔业的生产用地，免征城镇土地使用税；

（6）经批准开山填海整治的土地和改造的废弃土地，从使用的月份起免缴土地使用税 5 年至 10 年；

（7）对非营利性医疗机构、疾病控制机构和妇幼保健机构等卫生机构自用的土地，免征城镇土地使用税；

（8）企业办的学校、医院、托儿所、幼儿园，其用地能与企业其他用地明确区分的，免征城镇土地使用税；

（9）免税单位无偿使用纳税单位的土地（如公安、海关等单位使用铁路、民航等单位的土地），免征城镇土地使用税；

（10）对行使国家行政管理职能的中国人民银行总行（含国家外汇管理局）所属分支机构自用的土地，免征城镇土地使用税；

（11）为了体现国家的产业政策，支持重点产业的发展，对石油、电力、煤炭等能源用地、民用港口、铁路等交通用地和水利设施用地，三线调整企业、盐业、采石场、邮电等一些特殊用地，划分了征免税界限和给予政策性减免税照顾；

（12）由财政部另行规定免税的能源、交通、水利设施用地和其他用地。

2. 省、自治区、直辖市地方税务局确定的减免税项目

（1）个人所有的居住房屋及院落用地，免征城镇土地使用税；

（2）房产管理部门在房租调整改革前经租的居民住房用地，免征城镇土地使用税；

（3）免税单位职工家属的宿舍用地，免征城镇土地使用税；

（4）民政部门举办的安置残疾人占一定比例的福利工厂用地，免征城镇土地使用税；

（5）集体和个人办的各类学校、医院、托儿所、幼儿园用地，免征城镇土地使用税；

（6）城镇内的集贸市场（农贸市场）用地，按规定应征收土地使用税，为了促进集贸市场的发展及照顾各地的不同情况，各省、自治区、直辖市税务局可根据具体情况自行确定对集贸市场用地征收或者免征城镇土

地使用税；

(7) 房地产开发公司建造商品房的用地，原则上应按规定计征土地使用税，但在商品房出售之前纳税确有困难的，其用地是否给予缓征或减征、免征照顾，可由各省、自治区、直辖市税务局根据从严的原则结合具体情况确定；

(8) 原房管部门代管的私房，落实政策后，有些私房产权已归还给房主，但由于各种原因，房屋仍由原住户居住，并且住户仍是按照房管部门在房租调整改革之前确定的租金标准向房主交纳租金。对这类房屋用地，房主缴纳土地使用税确有困难的，可由各省、自治区、直辖市税务局根据实际情况，给予定期减征或免征城镇土地使用税的照顾；

(9) 对于各类危险品仓库、厂房所需的防火、防爆、防毒等安全防范用地，可由各省、自治区、直辖市税务局确定，暂免征收城镇土地使用税；对仓库库区、厂房本身用地，应照章征收城镇土地使用税。

(五) 城镇土地使用税的征收管理

1. 城镇土地使用税的纳税地点

城镇土地使用税的纳税地点为土地所在地，由土地所在地的地方税务机关负责征收，其收入纳入地方财政预算管理。纳税人使用的土地不属于同一省、自治区、直辖市管辖范围内的，应由纳税人分别向土地所在地的税务机关缴纳土地使用税。在同一省、自治区、直辖市的管辖范围内，纳税人跨地区使用的土地，其纳税地点由各省、自治区、直辖市地方税务局确定。

2. 城镇土地使用税的纳税期限

城镇土地使用税按年计算、分期缴纳。缴纳期限由省、自治区、直辖市人民政府结合当地情况确定。

3. 城镇土地使用税的纳税申报

纳税人应当依照当地税务机关规定的期限填写《城镇土地使用税纳税申报表》，将其占用土地的权属、位置、用途、面积和税务机关规定的其他内容据实向当地税务机关办理纳税申报登记，并且提供有关的证明文件材料。

4. 城镇土地使用税的纳税义务发生时间

城镇土地使用税的纳税义务发生时间根据不同情况具体规定如下：

（1）纳税人购置新建商品房，自房屋交付使用之次月起，计征城镇土地使用税；

（2）纳税人购置存量房，自办理房屋权属转移、变更登记手续，房地产权属登记机关签发房屋权属证书之次月起，计征城镇土地使用税；

（3）纳税人出租、出借房产，自交付出租、出借房产之次月起，计征城镇土地使用税；

（4）以出让或者转让方式有偿取得土地使用权的，应由受让方从合同约定交付土地时间的次月起缴纳城镇土地使用税，合同未约定交付土地时间的，由受让方从合同签订的次月起缴纳城镇土地使用税；

（5）房地产开发企业自用、出租、出借本企业建造的商品房，自房屋使用或交付之次月起计征房产税和城镇土地使用税；

（6）纳税人新征用的耕地，自批准征用之日起满 1 年时，开始缴纳城镇土地使用税；

（7）纳税人新征用的非耕地，自批准征用次月起，缴纳城镇土地使用税。

【风险提示】

建立在城市、县城、建制镇和工矿区以外的工矿企业不需要缴纳城镇土地使用税。

对已按规定免征城镇土地使用税的企业范围内荒山、林地、湖泊等占地，自 2014 年 1 月 1 日至 2015 年 12 月 31 日，按应纳税额减半征收城镇土地使用税；自 2016 年 1 月 1 日起，全额征收城镇土地使用税。

通过招标、拍卖、挂牌方式取得的建设用地，不属于新征用的耕地。

【法条指引】

中华人民共和国城镇土地使用税暂行条例（节录）

第三条　土地使用税以纳税人实际占用的土地面积为计税依据，依照规定税额计算征收。

前款土地占用面积的组织测量工作，由省、自治区、直辖市人民政府根据实际情况确定。

第六条 下列土地免缴土地使用税：

（一）国家机关、人民团体、军队自用的土地；

（二）由国家财政部门拨付事业经费的单位自用的土地；

（三）宗教寺庙、公园、名胜古迹自用的土地；

（四）市政街道、广场、绿化地带等公共用地；

（五）直接用于农、林、牧、渔业的生产用地；

（六）经批准开山填海整治的土地和改造的废弃土地，从使用的月份起免缴土地使用税5年至10年；

（七）由财政部另行规定免税的能源、交通、水利设施用地和其他用地。

第八条 土地使用税按年计算、分期缴纳。缴纳期限由省、自治区、直辖市人民政府确定。

第九条 新征收的土地，依照下列规定缴纳土地使用税：

（一）征收的耕地，自批准征收之日起满1年时开始缴纳土地使用税；

（二）征收的非耕地，自批准征收次月起缴纳土地使用税。

第十条 土地使用税由土地所在地的税务机关征收。土地管理机关应当向土地所在地的税务机关提供土地使用权属资料。

第四节 土地增值税法

【规则要点】

土地增值税，是指对转让国有土地使用权、地上的建筑物及其附着物并取得收入的单位和个人，根据其转让所取得的增值额为计税依据征收的一种税。土地增值税是用以增强国家对房地产开发商和房地产交易市场的调控、抑制炒买炒卖土地获取暴利的行为以及增加国家财政收入为经济建设积累资金的一种税。

【理解与适用】

一、土地增值税的特点

中国土地增值税的特点主要为：

其一，以转让房地产的增值额为计税依据。

土地增值税的增值额是以征税对象的全部销售收入额扣除与其相关的成本、费用、税金及其他项目金额后的余额。

其二，征税范围比较广。

凡在中国境内转让房地产并取得收入的单位和个人，除税法规定免税的外，均应依照土地增值税条例规定缴纳土地增值税。

其三，实行超率累进税率。

土地增值税的税率是以转让房地产增值率的高低为依据来确认，按照累进原则设计，实行分级计税。

其四，实行按次征收。

土地增值税在房地产发生转让的环节，实行按次征收，每发生一次转让行为，就应根据每次取得的增值额征一次税。

二、土地增值税的税收制度

目前，中国关于土地增值税的规定主要为：国务院于 2011 年 1 月修订的《中华人民共和国土地增值税暂行条例》，财政部于 1995 年发布的《中华人民共和国土地增值税暂行条例实施细则》，国家税务总局于 1995 年 3 月发布的《土地增值税宣传提纲》，财政部、国家税务总局于 2015 年 2 月修改的《关于土地增值税一些具体问题规定的通知》，财政部、国家税务总局于 2015 年 2 月修改的《关于土地增值税若干问题的通知》，财政部、国家税务总局于 2015 年 2 月发布的《关于企业改制重组有关土地增值税政策的通知》以及国家税务总局于 2016 年 11 月公布的《关于营改增后土地增值税若干征管规定的公告》等。

（一）土地增值税的征税范围

1. 土地增值税征税范围的一般规定

土地增值税的征税范围为国有土地使用权、地上的建筑物及其附着物的有偿转让行为。国有土地是指按照国家法律规定属于国家所有的土地。地上的建筑物是指建于土地上的一切建筑物、构筑物以及地上、地下的各种附属设施。附着物指的是附着于土地上的不能移动，一经移动会遭到损坏的各种植物、养殖物以及其他物品。

土地增值税的征收范围需要同时满足以下 3 个判断标准：

其一，转让的土地使用权为国家所有。

根据宪法和土地管理法的规定，城市的土地属于国家所有，农村和城市郊区的土地除由法律规定属于国家所有的以外，属于集体所有。因此，土地增值税中只有国有土地的使用权才能有偿转让，集体所有的土地不能直接转让，集体土地只能通过国家征用后才能变成国有土地进行转让。

其二，土地使用权、地上建筑物及其附着物的权属发生转移。

具体分析如下：

（1）征税范围不包括国有土地使用权出让所取得的收入。国有土地使用权出让是指国家以土地使用者的身份将土地使用权在一定年限内让与土地使用者，并且由土地使用者向国家支付土地使用权出让金的行为，属于土地的一级市场。这区分于国有土地使用权的转让。国有土地使用权的转让是指土地使用者通过出让等形式取得土地使用权以后，将土地使用权再转让的行为，包括出售、交换和赠与，属于土地的二级市场。

（2）土地增值税的征税范围不包括转让土地使用权、房产产权的行为，例如，房产的出租。

其三，转让房地产应该取得一定的收入。

土地增值税仅对转让房地产并且取得收入的行为征税，不包括房地产的权属虽然转让但是未取得收入的行为，例如，房地产的继承。

2. 土地增值税征税范围的具体规定

（1）房地产的出租，指的是房产所有者或土地使用者，将房产或土地使用权租赁给承租人使用，由承租人向出租人支付租金的行为。房地产企业虽然取得了收入，但没有发生房产产权、土地使用权的转让，因此，房地产的出租不属于土地增值税的征税范围。

（2）房地产的抵押，指的是房产所有者或土地使用者作为债务人或第三人向债权人提供不动产作为清偿债务的担保而不转移权属的法律行为。

这种情况下房产的产权、土地使用权在抵押期间并没有发生权属的变更，因此对房地产的抵押，在抵押期间不征收土地增值税。待抵押期满后，视该房产是否转移占有而确定是否征收土地增值税。

（3）房地产的交换，指的是一方以房地产与另一方的房地产进行交换的行为。这种情况发生了房产产权、土地使用权的转移，同时交换双方取得了实物形态的收入，因此房地产的交换属于土地增值税的征税范围。但是对于个人之间互换自有居住用房地产的行为，经过当地税务机关核实，可以免征土地增值税。

（4）合作建房，指的是一方出地，另一方出资金，双方合作建房，建成后按比例分房自用的行为。合作建房暂免征收土地增值税。但是，建成后转让的，应征收土地增值税。

（5）以继承、赠与方式转让房地产，这种情形只发生了房地产产权的转让而没有取得相应的收入，属于无偿转让房地产的行为。因此，以继承、赠与方式转让房地产不属于土地增值税的征税范围。

具体情况如下：

① 房地产的继承不需要缴纳土地增值税

房地产的继承指的是房产的原产权所有人或者依照法律规定取得土地使用权的土地使用人死亡以后，由其继承人依法承受死者房产产权和土地使用权的法律行为。其所包含的法定继承人继承和非法定继承人继承两种情形均不需要缴纳土地增值税。

② 房地产的赠与不需要缴纳土地增值税

房地产的赠与指的是房产所有人或者土地使用权所有人将自己所拥有的房地产无偿交付给他人的法律行为。这里所指的房地产的赠与仅包含如下两种情形：

a. 房产所有人或者土地使用权所有人将房屋产权、土地使用权赠与直系亲属或者承担直接赡养义务人的；

b. 房产所有人或者土地使用权所有人通过中国境内非营利性的社会团体、国家机关将房屋产权或者土地使用权赠与教育、民政和其他社会福利、公益事业的。

（6）房地产的代建房，指的是房地产开发公司代客户进行房地产的开发，开发完成后向客户收取代建收入的行为。房地产开发公司虽然取得了收入，但是没有发生房地产权属的转移，其收入属于劳务收入性质。因此，房地产的代建房行为不属于土地增值税的征税范围。

(7) 房地产的重新评估，指的是国有企业在清产核资时对房地产进行重新评估而使其升值的行为。房地产的重新评估没有发生房地产权属的转移，房产产权、土地使用权人也未取得收入，因此不属于土地增值税征税范围。

(二) 土地增值税的纳税人

土地增值税的纳税人为转让国有土地使用权、地上的建筑物及其附着物并取得收入的单位和个人。这里的单位指的是各类企业、事业单位、国家机关、社会团体和其他组织。个人包括个体经营者和其他个人。

(三) 土地增值税的应纳税额

1. 土地增值税的计税依据

土地增值税的计税依据是纳税人转让房地产而取得的增值额。转让房地产的增值额为纳税人转让房地产的收入减除税法规定的扣除项目金额后的余额，其计算公式为：

土地增值额 = 房地产转让收入 - 扣除项目金额

房地产转让收入和扣除项目金额的确定标准如下：

(1) 房地产转让收入的确定

纳税人转让房地产所取得的应税收入是指纳税人转让房地产的全部价款以及有关的经济利益，具体包括货币收入、实物收入和其他收入。货币收入是指纳税人转让房地产而取得的现金、银行存款、支票、银行本票、汇票等各种信用票据和国库券、金融债券、企业债券、股票等有价证券；货币收入一般较容易确定。实物收入是指纳税人转让房地产而取得的各种实物形态的收入，如钢材、水泥等建材，房屋、土地等不动产等；实物收入的价值不太容易确定，因此需要进行评估。其他收入是指纳税人转让房地产而取得的无形资产收入或具有财产价值的权利，如专利权、商标权、著作权、专有技术使用权、土地使用权、商誉权等；其他收入较为少见，因此其价值需要进行专门的评估。

土地增值税以人民币为计算单位。转让房地产所取得的收入为外国货币的，以取得收入当天或当月 1 日国家公布的市场汇价折合成人民币，据以计算应纳土地增值税税额。

(2) 扣除项目金额的确定

① 取得土地的使用权所支付的金额

包括纳税人为取得土地使用权所支付的地价款和按统一规定交纳的有关费用。

具体规定如下：对于纳税人为取得土地使用权所支付的地价款，如果是以协议、招标、拍卖等出让方式取得土地使用权的，地价款为纳税人所支付的土地出让金；如果是以行政划拨方式取得土地使用权的，地价款为按照国家有关规定补交的土地出让金；如果是以转让方式取得土地使用权的，地价款为向原土地使用权人实际支付的地价款。

② 房地产开发的成本

房地产开发的成本，是指纳税人房地产开发项目实际发生的成本。房地产开发的成本具体包括土地征用及拆迁补偿费、前期工程费、建筑安装工程费、基础设施费、公共配套设施费、开发间接费用等。土地征用及拆迁补偿费，包括土地征用费、耕地占用税、劳动力安置费及有关地上、地下附着物拆迁补偿的净支出，安置动迁用房支出等。前期工程费，包括规划、设计、项目可行性研究和水文、地质、勘察、测绘、“三通一平”等支出。建筑安装工程费，是指以出包方式支付给承包单位的建筑安装工程费，以自营方式发生的建筑安装工程费。基础设施费，包括开发小区内道路、供水、供电、供气、排污、排洪、通信、照明、环卫、绿化等工程发生的支出。公共配套设施费，包括不能有偿转让的开发小区内公共配套设施发生的支出。开发间接费用，是指直接组织、管理开发项目发生的费用，包括工资、职工福利费、折旧费、修理费、办公费、水电费、劳动保护费、周转房摊销等。

③ 房地产开发费用

房地产开发费用，是指与房地产开发项目有关的销售费用、管理费用、财务费用。根据现行财务会计制度的规定，房地产开发费用作为期间费用，直接计入当期损益，不按照成本核算对象进行分摊。因此作为土地增值税扣除项目的房地产开发费用，不按照纳税人房地产开发项目实际发生的费用进行扣除，而是按照土地增值税暂行条例实施细则的标准进行扣除。财务费用中的利息支出，凡能够按转让房地产项目计算分摊并提供金融机构证明的，允许据实扣除，但最高不能超过按商业银行同类同期贷款利率计算的金额。其他房地产开发费用，按照取得土地的使用权所支付的金额与房地产开发的成本的金额之和的5%以内计算扣除。凡不能按转让房地产项目计算分摊利息支出或不能提供金融机构证明的，房地产开发费用，按照取得土地的使用权所支付的金额与房地产开发的成本的金额之和的10%以内计算扣除。上述计算扣除的具体比例，由各省、自治区、直辖市人民政府规定。

此外，财政部、国家税务总局对利息支出计算作出了相关规定：利息的上浮幅度按国家的有关规定执行，超过上浮幅度的部分不允许扣除；对于超过贷款期限的利息部分和加罚的利息不允许扣除。

④ 与转让房地产有关的税金

与转让房地产有关的税金，是指在转让房地产时缴纳的城市维护建设税、印花税，因转让房地产交纳的教育费附加，也可视同税金予以扣除。由于房地产开发企业按照《施工、房地产开发企业财务制度》的有关规定，其缴纳的印花税列入管理费用，已相应予以扣除。因此，印花税不再单独扣除，房地产开发企业以外的其他的土地增值税纳税义务人在计算土地增值税时允许扣除在转让时缴纳的印花税。

⑤ 其他扣除项目

对从事房地产开发的纳税人可以按照取得土地使用权所支付的金额和房地产开发成本计算的金额之和，加计20%扣除。此优惠只适用于从事房地产开发的纳税人，除此之外的其他纳税人不适用。

⑥ 旧房及建筑物的评估价格

旧房及建筑物的评估价格，是指在转让已使用的房屋及建筑物时，由政府批准设立的房地产评估机构评定的重置成本价乘以成新度折扣率后的价格，评估价格须经当地税务机关确认。凡是已使用一定时间或达到一定磨损程度的房产均属旧房。使用时间和磨损程度标准可由各省、自治区、直辖市财政厅（局）和地方税务局具体规定。重置成本价是指对旧房即建筑物按照转让时的建材价格及人工费用计算，建造同样面积、同样层次、同样结构、同样建设标准的新房及建筑物所需花费的成本费用。成新度折扣率是指按照旧房的新旧程度作一定比例的折扣。

转让旧房的，应按房屋及建筑物的评估价格、取得土地使用权所支付的地价款和按国家统一规定交纳的有关费用以及在转让环节缴纳的税金作为扣除项目金额计征土地增值税。对取得土地使用权时未支付地价款或不能提供已支付的地价款凭据的，不允许扣除取得土地使用权所支付的金额。

纳税人转让旧房及建筑物，凡不能取得评估价格，但能提供购房发票的，经当地税务部门确认，取得土地使用权所支付的金额，新建房及配套设施的成本、费用，或者旧房及建筑物的评估价格等扣除项目的金额，可按发票所载金额并从购买年度起至转让年度止每年加计5%计算。对纳税人购房时缴纳的契税，凡能提供契税完税凭证的，准予作为“与转让房地产有关的税金”予以扣除，但不作为加计5%的基数。对于转让旧房及建筑物，既没有评估价格，又不能提供购房发票的，地方税务机关有权核定其应纳税额。

（3）确定增值额时的注意情形

准确核算增值额，需要有准确的房地产转让收入额和扣除项目的金额。因此，为避免纳税人在实际房地产交易活动中不能准确提供房地产转让价格或扣除项目金额，致使增值额不准确的情形出现，中国税法对这种情况下增值额的确定作出了具体规定。

根据有关规定，纳税人有下列情形之一的，按照房地产评估价格计算征收：

① 隐瞒、虚报房地产成交价格的；

② 提供扣除项目金额不实的；

③ 转让房地产的成交价格低于房地产评估价格，又无正当理由的。

房地产评估价格指的是由政府批准设立的房地产评估机构根据相同地段、同类房地产进行综合评定的价格。隐瞒、虚报房地产成交价格的，指的是纳税人不报或有意低报转让土地使用权、地上建筑物及其附着物价款的行为；提供扣除项目金额不实的，指的是纳税人在纳税申报时不据实提供扣除项目金额的行为；转让房地产的成交价格低于房地产评估价格，又无正当理由的，指的是纳税人申报的转让房地产的实际成交价低于房地产评估机构评定的交易价，纳税人又不能提供凭据或无正当理由的行为。

在上述情形中确定土地增值税的增值额的具体方法如下：

a. 隐瞒、虚报房地产成交价格，应由评估机构参照同类房地产的市场交易价格进行评估。税务机关根据评估价格确定转让房地产的收入。

b. 提供扣除项目金额不实的，应由评估机构按照房屋重置成本价乘以成新度折扣率计算的房屋成本价和取得土地使用权时的基准地价进行评估。税务机关根据评估价格确定扣除项目金额。

c. 转让房地产的成交价格低于房地产评估价格，又无正当理由的，由税务机关参照房地产评估价格确定转让房地产的收入。

2. 土地增值税的税率

土地增值税的税率以增值率为累进依据，实行四级超率累进税率。这种设置税率的方法既可以鼓励正常的房地产开发经营者又可以抑制炒买炒卖房地产的投机者，从而实现国家对房地产市场的宏观调控作用。

土地增值税税率的具体规定如下：

（1）增值额未超过扣除项目金额50%的部分，税率为30%；

（2）增值额超过扣除项目金额的50%且未超过扣除项目金额100%的部分，税率为40%；

（3）增值额超过扣除项目金额的100%且未超过扣除项目金额200%的部分，税率为50%；

（4）增值额超过扣除项目金额的200%的部分，税率为60%。

上述所列四级超率累进税率，每级“增值额未超过扣除项目金额”的比例，均包括本比例数。

3. 土地增值税的计算方法

土地增值税按照纳税人转让房地产所取得的增值额和规定的税率计算征收。

土地增值税的计算公式为：

应纳税额 = ∑（每级距的增值额 × 适用税率）

由于在实际工作中，上述计算方法比较烦琐，所以现在一般采用速算扣除法计算。这种方法的计算公式为：

应纳税额 = 增值额 × 适用税率 − 扣除项目金额 × 本级速算扣除系数

各级次应缴纳的土地增值税的计算方法具体如下：

（1）增值额未超过扣除项目金额50%的，速算扣除系数为0，计算公式是：

应纳税额 = 增值额 × 30%

（2）增值额超过扣除项目金额的50%且未超过扣除项目金额100%的，速算扣除系数为5%，计算公式为：

应纳税额 = 增值额 × 40% − 扣除项目金额 × 5%

（3）增值额超过扣除项目金额的100%且未超过扣除项目金额200%的，速算扣除系数为15%，计算公式为：

应纳税额 = 增值额 × 50% − 扣除项目金额 × 15%

（4）增值额超过扣除项目金额的200%的，速算扣除系数为35%，计算公式为：

应纳税额 = 增值额 × 60% − 扣除项目金额 × 35%

（四）土地增值税的税收优惠

土地增值税有关税收优惠的具体规定如下：

1. 出售。出售普通标准住宅增值额未超过各项规定扣除项目金额20%的，免征土地增值税。增值额超过扣除项目金额之和20%的，应就其全部增值额按规定计税。普通标准住宅指的是按照所在地一般民用住宅标准建筑的居住用住宅。普通标准住宅不包括高级公寓、别墅、度假村、小洋楼以及超面积、超标准豪华装修的住宅。普通标准住宅和其他住宅的具体划分界限由各省、自治区、直辖市人民政府规定。对于纳税人既建普通标准住宅，又搞其他房地产开发的，应该分别核算增值额；不分别核算增值额或者不能准确核算增值额的，其建造的普通标准住宅不适用该免税规定。

2. 因国家建设需要而被政府征用、收回的房地产，免征土地增值税。因城市实施规划、国家建设的需要而搬迁，由纳税人自行转让原房地产的，免征土地增值税。这类房地产指的是因为城市市政规划、国家建设需要拆迁而被政府征用、收回的房地产。

3. 个人因工作调动或者改善居住条件而转让原自用住房，经向主管税务机关申报核准，在原住房居住满5年或5年以上的，免征土地增值税；居住满3年不满5年的，减半征收土地增值税；居住不满3年的，按规定计征土地增值税。

（五）土地增值税的征收管理

1. 土地增值税的纳税地点

土地增值税的纳税人应向房地产所在地主管税务机关办理纳税申报，并在税务机关核定的期限内缴纳。房地产所在地，是指房地产的坐落地。纳税人转让的房地产坐落在两个或两个以上地区的，应按房地产所在地分别申报纳税。

在实际情况中，纳税地点的确定具体分为以下两种情况：

（1）纳税人是法人的，当转让的房地产坐落地与机构所在地或经营所在地一致时，则向办理税务登记的原管辖税务机关申报纳税即可；如果转让的房地产坐落地与其机构所在地或经营所在地不一致时，则应向房地产坐落地所管辖的税务机关申报纳税。

（2）纳税人是自然人的，当转让的房地产坐落地与其居住地一致时，则向其居住地税务机关申报纳税；当转让的房地产坐落地与其居住地不一致时，向办理过户手续所在地税务机关申报纳税。

2. 土地增值税的纳税方法

由于土地增值税按照转让房地产所取得的实际收益计算征收，而计税时会涉及房地产开发的成本和费用，甚至可能进行房地产评估。因此，根据房地产转让的不同情况，土地增值税的纳税方法由主管税务机关规定，具体如下：

（1）以一次交割、付清价款方式转让房地产的，主管税务机关可在纳税人办理纳税申报后，根据其应纳税额的大小及向有关部门办理过户、登记手续的期限等，规定其在办理过户、登记手续前数日内一次性缴纳全部土地增值税。

（2）以分期收款方式转让房地产的，主管税务机关应该根据合同规定的收款日期来确定具体的纳税期限。并且先计算出应缴纳的全部土地增值税税额，再按照总税额除以转让房地产的总收入，求得应纳税额占总收入的比例，然后在每次收到价款时，按照收到价款的数额乘以这个比例来确定每次应纳的税额，并且规定其应在每次收款后数日内缴纳土地增值税。

纳税人因经常发生房地产转让而难以在每次转让后申报的，经税务机关审核同意后，可以按月或按季定期进行纳税申报，具体期限由主管税务机关根据情况确定。

（3）对于纳税人在项目全部竣工结算前转让房地产取得的收入，因为涉及成本核算或者其他原因而导致无法据实计算土地增值税的，可以预征土地增值税。等到该项目全部竣工、办理结算后再进行清算，多退少补。

对于纳税人在项目全部竣工结算前转让房地产取得的收入所征收的土地增值税具体可分为如下两种情况：

① 纳税人进行小区开发建设的，其中一部分房地产项目先行开发并且已经转让出去，但是小区内的部分配套设施往往在转让后才建成，税务机

关可以对先行转让的项目在取得收入时预征土地增值税；

② 纳税人以预售方式转让房地产的，对于在办理结算和转交手续前就取得的收入，税务机关也可以预征土地增值税，具体办法由省级地方税务局根据当地情况制定。

3. 土地增值税的纳税申报

纳税人应在转让房地产合同签订后 7 日内，到房地产所在地主管税务机关办理纳税申报，并且同时提供下列证明文件和资料：

（1）房屋产权、土地使用权证书；

（2）土地转让、房产买卖合同；

（3）与转让房地产有关的资料，主要包括取得土地使用权所支付的金额，房地产开发成本方面的财务会计资料，房地产开发费用方面的资料，与房地产转让有关的税金的完税凭证以及其他与房地产有关的资料；

（4）根据税务机关的要求提供的房地产评估报告，即指当税务机关认定纳税人所提供的转让房地产所取得的收入或者扣除项目金额不实，不能作为计税依据，必须进行房地产评估时，由纳税人交由政府批准设立的评估机构按照税法规定进行房地产评估所作的评估报告；

（5）其他与转让房地产有关的资料。

纳税人应该在税务机关规定的期限内缴纳土地增值税。纳税人因为经常发生转让房地产行为而难以在每次转让后申报的，经税务机关审核同意后，可以定期进行纳税申报，具体期限由税务机关确定。纳税人按照规定办理纳税手续后，持纳税凭证到房产、土地管理部门办理产权变更手续。

【风险提示】

无论是单独转让国有土地使用权还是将土地使用权、地上建筑物及其附着物一起转让的，均应按照规定缴纳土地增值税。

【相关案例】

清远市某实业有限公司与广东省清远市地方税务局行政诉讼案

广东省清远市地方税务局于 2014 年 9 月 1 日对某实业有限公司作出

《税务处理决定书》，认定某实业有限公司经营运动城少缴土地增值税、营业税等税款，限期补缴，并加收滞纳金。除对经营运动城收入的处理决定无异议外，该实业有限公司不服其他处理决定，向广东省地方税务局申请行政复议，广东省地方税务局维持《税务处理决定书》。该实业有限公司仍不服，提起行政诉讼。

法院认为，根据《中华人民共和国土地增值税暂行条例》第2条的规定，本案中，该实业有限公司分批多次购进和分别转让物业，其采取整体收入减去整体成本的方式计算营业额并进行纳税申报并不恰当，清远市地方税务局按照每间物业的销售收入减去受让原价的方式计算营业额更符合行业习惯，也不违反上述规定。营业额的计算方式调整后，该实业有限公司转让物业的营业额发生变化，其即存在少缴营业税、土地增值税的情形，清远市地方税务局要求该实业有限公司补缴这部分税款并无不当。

【法条指引】

中华人民共和国土地增值税暂行条例（节录）

第二条　转让国有土地使用权、地上的建筑物及其附着物（以下简称转让房地产）并取得收入的单位和个人，为土地增值税的纳税义务人（以下简称纳税人），应当依照本条例缴纳土地增值税。

第三条　土地增值税按照纳税人转让房地产所取得的增值额和本条例第七条规定的税率计算征收。

第四条　纳税人转让房地产所取得的收入减除本条例第六条规定扣除项目金额后的余额，为增值额。

第五条　纳税人转让房地产所取得的收入，包括货币收入、实物收入和其他收入。

第七条　土地增值税实行四级超率累进税率：

增值额未超过扣除项目金额50%的部分，税率为30%。

增值额超过扣除项目金额50%、未超过扣除项目金额100%的部分，税率为40%。

增值额超过扣除项目金额100%、未超过扣除项目金额200%的部分，税率为50%。

增值额超过扣除项目金额200%的部分，税率为60%。

第八条 有下列情形之一的，免征土地增值税：

（一）纳税人建造普通标准住宅出售，增值额未超过扣除项目金额20%的；

（二）因国家建设需要依法征用、收回的房地产。

第十条 纳税人应当自转让房地产合同签订之日起7日内向房地产所在地主管税务机关办理纳税申报，并在税务机关核定的期限内缴纳土地增值税。

第五节 耕地占用税法

【规则要点】

耕地占用税，是国家对占用耕地建房或者从事其他非农业建设的单位和个人，依据实际占用耕地面积、按照规定税额一次性征收的一种税。耕地占用税是用以保护和利用有限的土地资源以及筹集一部分财政资金的一种税。

【理解与适用】

一、耕地占用税的特点

中国耕地占用税的特点主要为：

（一）具有资源税与特定行为税的性质

耕地占用税以占用耕地建设建筑物、构筑物或者从事非农业建设的行为为征税对象，以约束纳税人占用耕地的行为、促进土地资源的合理运用为课征目的，除具有资源占用税的属性外，还具有明显的特定行为税的特点。

（二）采用地区差别税率

耕地占用税采用地区差别税率，根据不同地区的具体情况，分别制定差别税额，这是因为中国地域辽阔、各地区之间耕地质量差别较大、人均占有耕地面积相差悬殊的具体情况。

（三）在占用耕地环节一次性课征

耕地占用税在纳税人获准占用耕地的环节征收，除对获准占用耕地后超过两年未使用者须加征耕地占用税外，此后不再征收耕地占用税。因而，耕地占用税具有一次性征收的特点。

（四）税收收入的税款具有专用性

耕地占用税收入按规定应用于建立发展农业专项基金，主要用于开展宜耕土地开发和改良现有耕地。

二、中国耕地占用税的征收制度

1987 年 4 月，国务院发布《中华人民共和国耕地占用税暂行条例》，对占用耕地建房或者从事非农业建设的单位和个人征收耕地占用税。2007 年 12 月国务院进行了修订完善，提高了税额标准，统一了内外资企业税负水平，进一步从严控制减免税，规范了征收管理。耕地占用税对促进合理利用土地资源、加大耕地保护力度发挥着重要作用。2018 年 12 月 29 日第十三届全国人民代表大会常务委员会第七次会议通过了《中华人民共和国耕地占用税法》，并明确废止 2007 年 12 月国务院公布的《中华人民共和国耕地占用税暂行条例》。

（一）耕地占用税的征税范围

耕地占用税的征税范围包括在中华人民共和国境内占用耕地建设建筑物、构筑物或者从事非农业建设而占用的国家所有和集体所有的耕地。耕地指的是种植农业作物的土地，包括菜地、园地。其中，园地包括花圃、苗圃、茶园、果园、桑园和其他种植经济林木的土地。占用鱼塘及其他农用土地建设建筑物、构筑物或从事其他非农业建设，也视同占用耕地，必须依法征收耕地占用税。占用已开发从事种植、养殖的滩涂、草场、水面和林地等从事非农业建设，由省、自治区、直辖市本着有利于保护土地资源和生态平衡的原则，结合具体情况确定如何征收耕地占用税。

（二）耕地占用税的纳税人

中国耕地占用税的纳税人为在中国境内占用耕地建设建筑物、构筑物或者从事非农业建设的单位和个人。这里的单位包括国有企业、集体企业、私营企业、股份制企业、外商投资企业、外国企业、事业单位、社会团体、国家机关、部队以及其他单位。个人包括个体工商户以及其他个人。经申请批准占用耕地的，纳税人为农用地转用审批文件中标明的建设用地人。农用地转用审批文件中未标明建设用地人的，纳税人为用地申请人。未经批准占用耕地的，纳税人为实际用地人。

（三）耕地占用税的应纳税额

1. 耕地占用税的计税依据

耕地占用税的计税依据为纳税人占用耕地的面积，以平方米为计量单位。实际占用的耕地面积包括经批准占用的耕地面积和未经批准占用的耕地面积。对于未经批准占用耕地但已经完成缴纳耕地占用税税款的，在补办占地手续时，不再征收耕地占用税。

2. 耕地占用税的税率

耕地占用税实行地区差别定额税率，以县级行政区域为单位，按照人均耕地面积来确定每平方米耕地的适用税额。另外，为了保护基本农田，法律明确规定占用基本农田的，应当依法按150%征收。在人均耕地低于0.5亩的地区，省、自治区、直辖市可以根据当地经济发展情况，适当提高耕地占用税的适用税额，但提高的部分不得超过其适用税额的50%。这是因为中国的不同地区之间人口和耕地资源的分布极不均衡、各地区之间的经济发展水平也有很大差异，因此导致不同地区之间客观条件以及与此相关的税收调节力度和纳税人负担能力方面的差别。

耕地占用税税率的具体规定如下：

（1）人均耕地不超过1亩的地区，每平方米为10元至50元；

（2）人均耕地超过1亩但不超过2亩的地区，每平方米为8元至40元；

（3）人均耕地超过2亩但不超过3亩的地区，每平方米为6元至30元；

（4）人均耕地超过3亩的地区，每平方米为5元至25元。

各地区耕地占用税的适用税额，由省、自治区、直辖市人民政府根据人均耕地面积和经济发展等情况，在上述规定的税额幅度内提出，报同级人民代表大会常务委员会决定，并报全国人民代表大会常务委员会和国务院备案。各省、自治区、直辖市耕地占用税适用税额的平均水平，不得低于下表所附《各省、自治区、直辖市耕地占用税平均税额表》规定的平均税额。

附：

各省、自治区、直辖市耕地占用税平均税额表

省、自治区、直辖市	平均税额（元/平方米）
上海	45
北京	40
天津	35
江苏、浙江、福建、广东	30
辽宁、湖北、湖南	25
河北、安徽、江西、山东、河南、重庆、四川	22.5
广西、海南、贵州、云南、陕西	20
山西、吉林、黑龙江	17.5
内蒙古、西藏、甘肃、青海、宁夏、新疆	12.5

3. 耕地占用税的计算方法

耕地占用税的计算方法为：

应纳税额 = 实际占用耕地面积 × 适用税率

（四）耕地占用税的税收优惠

1. 军事设施、学校、幼儿园、社会福利机构、医疗机构占用耕地，免征耕地占用税。

2. 铁路线路、公路线路、飞机场跑道、停机坪、港口、航道、水利工程占用耕地，减按每平方米 2 元的税额征收耕地占用税。

3. 农村居民在规定用地标准以内占用耕地新建自用住宅，按照当地适用税额减半征收耕地占用税；其中，农村居民经批准搬迁，新建自用住宅占用耕地不超过原宅基地面积的部分，免征耕地占用税。

4. 农村烈士遗属、因公牺牲军人遗属、残疾军人以及符合农村最低生活保障条件的农村居民，在规定用地标准以内新建自用住宅，免征耕地占用税。

根据国民经济和社会发展的需要，国务院可以规定免征或者减征耕地占用税的其他情形，报全国人民代表大会常务委员会备案。

（五）耕地占用税的征收管理

1. 耕地占用税的纳税地点

耕地占用税由地方税务机关负责征收。耕地占用税的纳税地点为纳税人占用的耕地或其他农用地所在地。

2. 耕地占用税的纳税义务发生时间

耕地占用税的纳税义务发生时间为纳税人收到自然资源主管部门办理占用耕地手续的书面通知的当日。纳税人应当自纳税义务发生之日起30日内申报缴纳耕地占用税。自然资源主管部门凭耕地占用税完税凭证或者免税凭证和其他有关文件发放建设用地批准书。

3. 耕地占用税的纳税环节

土地管理部门在通知纳税人时，应同时通知耕地所在地同级地方税务机关，纳税人应当在规定的时间内到指定地点缴纳税款或办理免税手续。耕地占用税的纳税期限为30天，即纳税人应当在收到土地管理部门的通知之日起30日内缴纳耕地占用税，并且如实填写《耕地占用税申报表》。土地管理部门凭耕地占用税完税收据或免税凭证发放建设用地批准书。

纳税人临时占用耕地，应当按照规定缴纳耕地占用税。纳税人在批准临时占用耕地的期限内恢复所占用耕地原状的，全额退还已经缴纳的耕地占用税。这里的临时占用耕地，是指纳税人因建设项目施工或者地质勘查临时占用耕地。纳税人在批准临时占用耕地期满之日起1年内依法复垦，恢复种植条件的，全额退还已经缴纳的耕地占用税。因污染、取土、采矿塌陷等损毁耕地的，比照临时占用耕地的情况，由造成损毁的单位或者个人缴纳耕地占用税。超过1年未恢复耕地原状的，已征税款不予退还。

【法条指引】

中华人民共和国耕地占用税法（节录）

第二条 在中华人民共和国境内占用耕地建设建筑物、构筑物或者从事非农业建设的单位和个人，为耕地占用税的纳税人，应当依照本法规定缴纳耕地占用税。

占用耕地建设农田水利设施的，不缴纳耕地占用税。

本法所称耕地，是指用于种植农作物的土地。

第三条 耕地占用税以纳税人实际占用的耕地面积为计税依据，按照规定的适用税额一次性征收，应纳税额为纳税人实际占用的耕地面积（平方米）乘以适用税额。

第四条 耕地占用税的税额如下：

（一）人均耕地不超过一亩的地区（以县、自治县、不设区的市、市辖区为单位，下同），每平方米为十元至五十元；

（二）人均耕地超过一亩但不超过二亩的地区，每平方米为八元至四十元；

（三）人均耕地超过二亩但不超过三亩的地区，每平方米为六元至三十元；

（四）人均耕地超过三亩的地区，每平方米为五元至二十五元。

各地区耕地占用税的适用税额，由省、自治区、直辖市人民政府根据人均耕地面积和经济发展等情况，在前款规定的税额幅度内提出，报同级人民代表大会常务委员会决定，并报全国人民代表大会常务委员会和国务院备案。各省、自治区、直辖市耕地占用税适用税额的平均水平，不得低于本法所附《各省、自治区、直辖市耕地占用税平均税额表》规定的平均税额。

第八条 依照本法第七条第一款、第二款规定免征或者减征耕地占用税后，纳税人改变原占地用途，不再属于免征或者减征耕地占用税情形的，应当按照当地适用税额补缴耕地占用税。

第九条 耕地占用税由税务机关负责征收。

第十二条 占用园地、林地、草地、农田水利用地、养殖水面、渔业水域滩涂以及其他农用地建设建筑物、构筑物或者从事非农业建设的，依照本法的规定缴纳耕地占用税。

占用前款规定的农用地的，适用税额可以适当低于本地区按照本法第四条第二款确定的适用税额，但降低的部分不得超过百分之五十。具体适用税额由省、自治区、直辖市人民政府提出，报同级人民代表大会常务委员会决定，并报全国人民代表大会常务委员会和国务院备案。

占用本条第一款规定的农用地建设直接为农业生产服务的生产设施的，不缴纳耕地占用税。

第十三条 税务机关应当与相关部门建立耕地占用税涉税信息共享机制和工作配合机制。县级以上地方人民政府自然资源、农业农村、水利等相关部门应当定期向税务机关提供农用地转用、临时占地等信息，协助税务机关加强耕地占用税征收管理。

税务机关发现纳税人的纳税申报数据资料异常或者纳税人未按照规定期限申报纳税的，可以提请相关部门进行复核，相关部门应当自收到税务机关复核申请之日起三十日内向税务机关出具复核意见。

第七章

税收征收管理制度

第一节　税收征收管理制度概述

【规则要点】

税收征收管理，是指国家在其行使征税权的过程中，依照法律法规实施的对应纳税额进行征收入库的行为，主要包括税务管理、税款征收、税务检查以及法律责任等。

【理解与适用】

税收征收管理制度规范税收征收和缴纳行为，保障国家税收收入，保护纳税人的合法权益以及促进经济和社会发展。

目前，中国税收征收管理制度的规定主要为全国人民代表大会常务委员会于 2015 年 4 月修正通过的《中华人民共和国税收征收管理法》以及国务院于 2016 年 2 月修订的《中华人民共和国税收征收管理法实施细则》。

一、税收征收管理制度的适用范围

根据税收征收管理法第 2 条的规定，税收征收管理的适用范围为依法由税务机关征收的各种税收的征收管理。

中国税收的征收机关有税务、海关、财政等部门。税务机关征收各种工商税收，海关征收关税，农业税在部分地区由税务机关征收，在部分地区由财政机关征收。

值得注意的是：

第一，税收征收管理制度只适用于由税务机关征收的各种税收，因此财政机关负责征收的耕地占用税、契税、农业税、牧业税征收管理的具体办法，由国务院另行制定。海关征收的关税及代征税收的增值税、消费税，适用其他法律、行政法规的规定。

第二，税收征收管理制度适用于税务机关征收税收时，在税务机关进行其他征收管理时并不适用。例如，教育费附加等由税务机关征收的一部分税，这些费用的具体征收管理办法由其他条例和规章决定。

二、税收征收管理制度的主体

（一）税务行政主体

税收征收管理制度中的税务行政主体为税务机关。国务院税务主管部门主管全国税收征收管理工作。各地国家税务局和地方税务局应当按照国务院规定的税收征收管理范围分别进行征收管理。税务机关是指各级税务局、税务分局、税务所和按照国务院规定设立的并向社会公告的税务机构。税务机关依法执行职务，任何单位和个人不得阻挠。

（二）税务行政管理相对人

税务行政管理相对人包括纳税人、扣缴义务人和其他有关单位。纳税人为法律、行政法规规定负有纳税义务的单位和个人。扣缴义务人为法律、行政法规规定负有代扣代缴、代收代缴税款义务的单位和个人。纳税人、扣缴义务人必须依照法律、行政法规的规定缴纳税款、代扣代缴、代收代缴税款。

（三）有关单位和部门

根据税收征收管理法的规定，地方各级人民政府应当依法加强对本行政区域内税收征收管理工作的领导或者协调，支持税务机关依法执行职务，依照法定税率计算税额，依法征收税款。各有关部门和单位应当支持、协助税务机关依法执行职务。因此，地方各级人民政府以及有关部门和单位在税收征收管理中也具有一定的义务。

【法条指引】

中华人民共和国税收征收管理法（节录）

第四条 法律、行政法规规定负有纳税义务的单位和个人为纳税人。

法律、行政法规规定负有代扣代缴、代收代缴税款义务的单位和个人为扣缴义务人。

纳税人、扣缴义务人必须依照法律、行政法规的规定缴纳税款、代扣代缴、代收代缴税款。

第七条 税务机关应当广泛宣传税收法律、行政法规，普及纳税知识，无偿地为纳税人提供纳税咨询服务。

第八条 纳税人、扣缴义务人有权向税务机关了解国家税收法律、行政法规的规定以及与纳税程序有关的情况。

纳税人、扣缴义务人有权要求税务机关为纳税人、扣缴义务人的情况保密。税务机关应当依法为纳税人、扣缴义务人的情况保密。

纳税人依法享有申请减税、免税、退税的权利。

纳税人、扣缴义务人对税务机关所作出的决定，享有陈述权、申辩权；依法享有申请行政复议、提起行政诉讼、请求国家赔偿等权利。

纳税人、扣缴义务人有权控告和检举税务机关、税务人员的违法违纪行为。

第十一条 税务机关负责征收、管理、稽查、行政复议的人员的职责应当明确，并相互分离、相互制约。

第十二条 税务人员征收税款和查处税收违法案件，与纳税人、扣缴义务人或者税收违法案件有利害关系的，应当回避。

第十三条 任何单位和个人都有权检举违反税收法律、行政法规的行为。收到检举的机关和负责查处的机关应当为检举人保密。税务机关应当按照规定对检举人给予奖励。

第二节 税务管理

【规则要点】

税务管理，是指税务机关在税收征收管理中对征纳过程中实施的基础性管理制度和管理行为。税务管理包括税务登记管理，账簿、凭证管理以及纳税申报管理。

【理解与适用】

一、税务登记管理

税务登记管理指的是税务机关对纳税人的生产、经营活动进行登记并且据此对纳税人实施税务管理的一系列法定制度。税务登记是税务管理制度的首要环节和基础工作，是征纳双方法律关系成立的依据和证明，也是纳税人必须依法履行的义务。

目前，中国关于税务登记管理的相关规定主要为国家税务总局于2019年修正的《税务登记管理办法》。根据该办法，税务登记具体包括开业税务登记、变更税务登记、注销税务登记以及停业与复业税务登记。

（一）开业税务登记

开业税务登记，指的是新开业户在正式生产经营之前，在办理工商登记领取营业执照后向税务机关办理的登记。企业，企业在外地设立的分支机构和从事生产、经营的场所，个体工商户和从事生产、经营的事业单位自领取营业执照之日起30日内，持有关证件，向税务机关申报办理税务登记。税务机关应当于收到申报的当日办理登记并发给税务登记证件。工商行政管理机关应当将办理登记注册、核发营业执照的情况，定期向税务机关通报。除上述纳税人之外的纳税人办理税务登记和扣缴义务人办理扣缴税款登记的范围和办法，由国务院规定。这里所指的除上述纳税人之外的其他纳税人主要是指不从事生产、经营，但依照法律、法规的规定负有纳税义务的单位和个人。

（二）变更税务登记

变更税务登记，指的是纳税人在办理开业登记后，其登记内容发生重要变化时向税务机关办理的登记。例如，生产经营项目、单位名称等改变时应该进行变更税务登记。从事生产、经营的纳税人，税务登记内容发生变化的，自工商行政管理机关办理变更登记之日起30日内，持有关证件向税务机关申报办理变更税务登记。

纳税人办理税务登记后，如发生下列情形之一，应当办理变更税务登记：发生改变名称、改变法定代表人、改变经济性质或经济类型、改变住所和经营地点（不涉及主管税务机关变动）、改变生产经营或经营方式、增减注册资金（资本）、改变隶属关系、改变生产经营期限、改变或增减银行账号、改变生产经营权属以及改变其他税务登记内容的。

纳税人应当自工商行政管理部门或者其他机关办理变更登记之日起30日内，持有关证件向主管税务机关申报办理变更税务登记。纳税人税务登记内容发生变化，不需要到工商行政管理机关或者其他机关办理变更登记的，应当自发生变化起30日内，持有关证件向原税务登记机关申报办理变更税务登记。办理变更税务登记应向主管税务机关领取《税务登记变更表》《注销税务登记申请审批表》，并提交相关证件、资料。

（三）注销税务登记

注销税务登记，指的是纳税人在办理税务登记后发生解散、破产、兼并以及撤销等行为时依法向税务机关办理的登记。从事生产、经营的纳税人，税务登记内容发生变化的，在向工商行政管理机关申请办理注销登记之前，持有关证件向税务机关申报办理注销税务登记。

纳税人办理税务登记后，如发生下列情形之一，应当办理注销税务登记：当纳税人因经营期限届满而自动解散；企业由于改组、分级、合并等原因而被撤销；企业资不抵债而破产；纳税人住所、经营地址迁移而涉及改变原主管税务机关的；纳税人被工商行政管理部门吊销营业执照；以及纳税人依法终止履行纳税义务的其他情形，纳税人应当在向工商行政管理机关或者其他机关办理注销登记前，持有关证件和资料向原税务登记机关申报办理注销税务登记；按规定不需要在工商行政管理机关或者其他机关办理注销登记的，应当自有关机关批准或者宣告终止之日起15日内，持有关证件和资料向原税务登记机关申报办理注销税务登记。办理注销税务登记应向主管税务机关领取《税务登记变更表》《注销税务登记申请审批表》，并提交相关证件、资料。

（四）停业与复业税务登记

停业与复业税务登记，指的是纳税人在办理税务登记后，在生产经营停业期间以及停业期满恢复经营时依法向税务机关办理的登记。

实行定期定额征收方式的个体工商户需要停业的，应当在停业前向税务机关申报办理停业登记。纳税人的停业期限不得超过一年。纳税人在申报办理停业登记时，应如实填写《停业复业报告书》，说明停业理由、停业期限、停业前的纳税情况和发票的领、用、存情况，并结清应纳税款、滞纳金、罚款。税务机关应收存其税务登记证件及副本、发票领购簿、未使用完的发票和其他税务证件。纳税人在停业期间发生纳税义务的，应当按照税收法律、行政法规的规定申报缴纳税款。纳税人应当于恢复生产经营之前，向税务机关申报办理复业登记，如实填写《停业复业报告书》，领回并启用税务登记证件、发票领购簿及其停业前领购的发票。纳税人停业期满不能及时恢复生产经营的，应当在停业期满前到税务机关办理延长停业登记，并如实填写《停业复业报告书》。

二、账簿、凭证管理

账簿、凭证管理是税务管理中的重要环节。账簿是纳税人、扣缴义务人连续地记录其各种经济业务的账册或者簿籍。凭证是纳税人用来记录经济业务，明确经济责任，并据以登记账簿的书面证明。账簿、记账凭证、报表、完税凭证、发票、出口凭证以及其他有关涉税资料应当合法、真实、完整。账簿、记账凭证、报表、完税凭证、发票、出口凭证以及其他有关涉税资料应当保存10年；但是，法律、行政法规另有规定的除外。

（一）账簿管理

纳税人、扣缴义务人按照有关法律、行政法规和国务院财政、税务主管部门的规定设置账簿，根据合法、有效凭证记账，进行核算。从事生产、经营的纳税人的财务、会计制度或者财务、会计处理办法和会计核算软件，应当报送税务机关备案。纳税人、扣缴义务人的财务、会计制度或者财务、会计处理办法与国务院或者国务院财政、税务主管部门有关税收的规定抵触的，依照国务院或者国务院财政、税务主管部门有关税收的规定计算应纳税款、代扣代缴和代收代缴税款。从事生产、经营的纳税人、扣缴义务人必须按照国务院财政、税务主管部门规定的保管期限保管账簿、记账凭证、完税凭证及其他有关资料。

从事生产、经营的纳税人应当自领取营业执照或者发生纳税义务之日起15日内，按照国家有关规定设置账簿。从事生产、经营的纳税人应当自领取税务登记证件之日起15日内，将其财务、会计制度或者财务、会计处理办法报送主管税务机关备案。扣缴义务人应当自税收法律、行政法规规定的扣缴义务发生之日起10日内，按照所代扣、代收的税种，分别设置代扣代缴、代收代缴税款账簿。

（二）发票管理

发票指的是在购销商品、提供或者接受劳务以及其他经营活动中，开具、收取的收付款凭证。发票是确定经济收支行为发生的证明文件、财务收支的法定凭证、会计核算的原始凭证以及税务稽查的重要依据。税务机关是发票的主管机关，负责发票印制、领购、开具、取得、保管、缴销的管理和监督。单位、个人在购销商品、提供或者接受经营服务以及从事其他经营活动中，应当按照规定开具、使用、取得发票。发票管理的相关规定主要为财政部于2010年12月修订的《中华人民共和国发票管理办法》以及国家税务总局于2019年7月修正的《中华人民共和国发票管理办法实施细则》。

增值税专用发票由国务院税务主管部门确定的企业印制；其他发票按照国务院税务主管部门的规定，由省、自治区、直辖市税务机关确定的企业印制。禁止私自印制、伪造、变造发票。

需要领购发票的单位和个人，应当持税务登记证件、经办人身份证明、按照国务院税务主管部门规定式样制作的发票专用章的印模，向主管税务机关办理发票领购手续。主管税务机关根据领购单位和个人的经营范围和规模，确认领购发票的种类、数量以及领购方式，在5个工作日内发给发票领购簿。单位和个人领购发票时，应当按照税务机关的规定报告发票使用情况，税务机关应当按照规定进行查验。

销售商品、提供服务以及从事其他经营活动的单位和个人，对外发生经营业务收取款项，收款方应当向付款方开具发票；特殊情况下，由付款方向收款方开具发票。

税务机关在发票管理中有权进行下列检查：

1. 检查印制、领购、开具、取得、保管和缴销发票的情况。

2. 调出发票查验。

3. 查阅、复制与发票有关的凭证、资料。

4. 向当事各方询问与发票有关的问题和情况。

5. 在查处发票案件时，对与案件有关的情况和资料，可以记录、录音、录像、照相和复制。

三、纳税申报管理

纳税申报是纳税人按照税法规定的期限和内容，向税务机关提交有关纳税事项书面报告的法律行为。纳税申报是纳税人履行纳税义务、界定纳税人法律责任的主要依据。因此纳税申报管理是税收管理制度中的重要环节。

纳税人必须依照法律、行政法规规定或者税务机关依照法律、行政法规的规定确定的申报期限、申报内容如实办理纳税申报，报送纳税申报表、财务会计报表以及税务机关根据实际需要要求纳税人报送的其他纳税资料。扣缴义务人必须依照法律、行政法规规定或者税务机关依照法律、行政法规的规定确定的申报期限、申报内容如实报送代扣代缴、代收代缴税款报告表以及税务机关根据实际需要要求扣缴义务人报送的其他有关资料。

纳税人、扣缴义务人可以直接到税务机关办理纳税申报或者报送代扣代缴、代收代缴税款报告表，也可以按照规定采取邮寄、数据电文或者其他方式办理上述申报、报送事项。

纳税人、扣缴义务人不能按期办理纳税申报或者报送代扣代缴、代收代缴税款报告表的，经税务机关核准，可以延期申报。经核准延期办理规定的申报、报送事项的，应当在纳税期内按照上期实际缴纳的税额或者税务机关核定的税额预缴税款，并在核准的延期内办理税款结算。

【风险提示】

国家根据税收征收管理的需要，积极推广使用税控装置。纳税人应当按照规定安装、使用税控装置，不得损毁或者擅自改动税控装置。

【相关案例】

胡某某、浙江省丽水市人民政府城乡建设行政管理案

胡某某以接受赠与为由申领房产证，1995 年 10 月 13 日，浙江省青田县人民政府向胡某某颁发了第 12949 号房屋所有权证，房屋建筑面积共计 999.80 平方米。2005 年 4 月 18 日，胡某甲、胡某乙以对涉案房屋享有继承权为由，不服青田县政府对胡某某颁发第 12949 号证，向浙江省丽水市人民政府提起行政复议。在案件审理过程中，丽水市政府以龙津路 19 号房屋可能存在其他利害关系人为由于 2005 年 7 月 17 日决定中止案件审理，于同年 8 月 22 日恢复案件审理，同年 8 月 23 日作出 16 号行政复议决定，撤销青田县政府向胡某某颁发的第 12949 号证。

法院认为，本案中，青田县政府颁发第 12949 号证时，对该房屋是否存在其他共有人或利害关系人未作审查，也未责令赠予双方提供赠予合同公证书和房屋契证，违反了程序规定。但因房地产转让而产生的税款征收形成的是税务机关与纳税人之间的行政法律关系，房屋登记则是房屋登记行政主管部门与房屋登记申请人之间的行政法律关系，彼此不同。从本质上看，登记机关要求申请人提供房屋契税缴纳凭证，是代税务机关履行税收监管职责，并非不动产登记要件的要求，这方面的缺失可以弥补。胡某某在行政复议期间缴纳了契税，这实际上已经进行了弥补。在此情况下，不可将之作为撤销房屋转移登记的理由。丽水市政府以此为由否定青田县政府房屋登记行为的合法性并予撤销，构成适用法律错误。

【法条指引】

中华人民共和国税收征收管理法（节录）

第十六条 从事生产、经营的纳税人，税务登记内容发生变化的，自工商行政管理机关办理变更登记之日起三十日内或者在向工商行政管理机关申请办理注销登记之前，持有关证件向税务机关申报办理变更或者注销税务登记。

第十九条 纳税人、扣缴义务人按照有关法律、行政法规和国务院财

政、税务主管部门的规定设置帐簿，根据合法、有效凭证记帐，进行核算。

第二十三条 国家根据税收征收管理的需要，积极推广使用税控装置。纳税人应当按照规定安装、使用税控装置，不得损毁或者擅自改动税控装置。

第二十四条 从事生产、经营的纳税人、扣缴义务人必须按照国务院财政、税务主管部门规定的保管期限保管帐簿、记帐凭证、完税凭证及其他有关资料。

帐簿、记帐凭证、完税凭证及其他有关资料不得伪造、变造或者擅自损毁。

第二十五条 纳税人必须依照法律、行政法规规定或者税务机关依照法律、行政法规的规定确定的申报期限、申报内容如实办理纳税申报，报送纳税申报表、财务会计报表以及税务机关根据实际需要要求纳税人报送的其他纳税资料。

扣缴义务人必须依照法律、行政法规规定或者税务机关依照法律、行政法规的规定确定的申报期限、申报内容如实报送代扣代缴、代收代缴税款报告表以及税务机关根据实际需要要求扣缴义务人报送的其他有关资料。

第三节 税款征收

【规则要点】

税款征收，是指国家税务机关根据税收法律、行政法规规定将纳税人应纳税额的税款组织入库的行为。税款征收是税收征收管理制度的核心环节。税款征收制度具体包括基本制度、特别制度以及保障制度。

【理解与适用】

一、税款征收的基本制度

（一）税款征收的征收主体

税款征收的征收主体为税务机关、税务人员以及经税务机关依照法律、行政法规委托的单位和人员。税务机关根据有利于税收控管和方便纳税的原则，可以按照国家有关规定委托有关单位和人员代征零星分散和异地缴纳的税收，并发给委托代征证书。受托单位和人员按照代征证书的要求，以税务机关的名义依法征收税款，纳税人不得拒绝；纳税人拒绝的，受托代征单位和人员应当及时报告税务机关。除此之外，任何单位和个人不得进行税款征收活动。

（二）税额的确定

中国税额确定的方式主要分为纳税人申报确定和税务机关主动确定两种方式。具体而言，原则上应根据纳税人的申报确定应纳税额，只有在特殊情形下才由征税机关确定应纳税额。

纳税人有下列情形之一的，税务机关有权核定其应纳税额：

其一，依照法律、行政法规的规定可以不设置账簿的。

其二，依照法律、行政法规的规定应当设置账簿但未设置的。

其三，擅自销毁账簿或者拒不提供纳税资料的。

其四，虽设置账簿，但账目混乱或者成本资料、收入凭证、费用凭证残缺不全，难以查账的。

其五，发生纳税义务，未按照规定的期限办理纳税申报，经税务机关责令限期申报，逾期仍不申报的。

其六，纳税人申报的计税依据明显偏低，又无正当理由的。

税务机关核定应纳税额的具体程序和方法由国务院税务主管部门规定。

企业或者外国企业在中国境内设立的从事生产、经营的机构、场所与其关联企业之间的业务往来，应当按照独立企业之间的业务往来收取或者支付价款、费用；不按照独立企业之间的业务往来收取或者支付价款、费用，而减少其应纳税的收入或者所得额的，税务机关有权进行合理调整。

（三）纳税期限的确定

各税种具体的申报纳税期是由该税种和立法具体规定的，因此并没有进行统一规定，仅对延期缴纳的行为作出相关规定：纳税人、扣缴义务人按照法律、行政法规规定或者税务机关依照法律、行政法规的规定确定的期限，缴纳或者解缴税款。纳税人因有特殊困难，不能按期缴纳税款的，经省、自治区、直辖市国家税务局、地方税务局批准，可以延期缴纳税款，但是最长不得超过 3 个月。

纳税人需要延期缴纳税款的，应当在缴纳税款期限届满前提出申请，并报送下列材料：申请延期缴纳税款报告，当期货币资金余额情况及所有银行存款账户的对账单、资产负债表、应付职工工资和社会保险费等税务机关要求提供的支出预算。

税务机关应当自收到申请延期缴纳税款报告之日起 20 日内作出批准或者不予批准的决定；不予批准的，从缴纳税款期限届满之日起加收滞纳金。

二、税款征收的特别制度

税款征收的特别制度，是为了解决在税款征纳活动中发生的特殊问题而特别规定的制度。税款征收的特别制度，具体包括税收减免制度、退税制度、欠税清缴制度以及追征制度等。

（一）税收减免制度

纳税人可以依照法律、行政法规的规定书面申请减税、免税。减税、免税的申请须经法律、行政法规规定的减税、免税审查批准机关审批；地方各级人民政府、各级人民政府主管部门、单位和个人违反法律、行政法规规定，擅自作出的减税、免税决定无效，税务机关不得执行，并向上级税务机关报告。

（二）退税制度

纳税人超过应纳税额缴纳的税款，税务机关发现后应当立即退还；纳税人自结算缴纳税款之日起 3 年内发现的，可以向税务机关要求退还多缴的税款并加算银行同期存款利息，税务机关及时查实后应当立即退还；涉及从国库中退库的，依照法律、行政法规有关国库管理的规定退还。

（三）欠税清缴制度

欠缴税款的纳税人或者其法定代表人需要出境的，应当在出境前向税务机关结清应纳税款、滞纳金或者提供担保。未结清税款、滞纳金，又不提供担保的，税务机关可以通知出境管理机关阻止其出境。欠缴税款数额较大的纳税人在处分其不动产或者大额资产之前，应当向税务机关报告。

（四）追征制度

因税务机关的责任，致使纳税人、扣缴义务人未缴或者少缴税款的，税务机关在3年内可以要求纳税人、扣缴义务人补缴税款，但是不得加收滞纳金。因纳税人、扣缴义务人计算错误等失误，未缴或者少缴税款的，税务机关在3年内可以追征税款、滞纳金；有特殊情况的，追征期可以延长到5年。对偷税、抗税、骗税的，税务机关追征其未缴或者少缴的税款、滞纳金或者所骗取的税款，不受规定期限的限制。

三、税款征收的保障制度

税款征收的保障制度是为了确保税收征纳活动的顺利进行，特别是为了确保应纳税款的及时、足额入库而建立的制度，具体包括纳税担保制度、税收保全制度、强制执行制度、税款优先制度等。

（一）纳税担保制度

纳税人有下列情况之一的，适用纳税担保：

其一，税务机关有根据认为从事生产、经营的纳税人有逃避纳税义务行为，在规定的纳税期之前经责令其限期缴纳应纳税款，在限期内发现纳税人有明显的转移、隐匿其应纳税的商品、货物以及其他财产或者应纳税收入的迹象，责成纳税人提供纳税担保的；

其二，欠缴税款、滞纳金的纳税人或者其法定代表人需要出境的；

其三，纳税人同税务机关在纳税上发生争议而未缴清税款，需要申请行政复议的；

其四，税收法律、行政法规规定可以提供纳税担保的其他情形。

（二）税收保全制度

税务机关有根据认为从事生产、经营的纳税人有逃避纳税义务行为的，可以在规定的纳税期之前，责令限期缴纳应纳税款；在限期内发现纳税人有明显的转移、隐匿其应纳税的商品、货物以及其他财产或者应纳税收入迹象的，税务机关可以责成纳税人提供纳税担保。

如果纳税人不能提供纳税担保，经县以上税务局（分局）局长批准，税务机关可以采取下列税收保全措施：

其一，书面通知纳税人开户银行或者其他金融机构冻结纳税人的金额相当于应纳税款的存款；

其二，扣押、查封纳税人的价值相当于应纳税款的商品、货物或者其他财产。

（三）强制执行制度

从事生产、经营的纳税人、扣缴义务人未按照规定的期限缴纳或者解缴税款，纳税担保人未按照规定的期限缴纳所担保的税款，由税务机关责令限期缴纳，逾期仍未缴纳的，经县以上税务局（分局）局长批准，税务机关可以采取下列强制执行措施：

其一，书面通知其开户银行或者其他金融机构从其存款中扣缴税款；

其二，扣押、查封、依法拍卖或者变卖其价值相当于应纳税款的商品、货物或者其他财产，以拍卖或者变卖所得抵缴税款。

税务机关采取强制执行措施时，对前述纳税人、扣缴义务人、纳税担保人未缴纳的滞纳金同时强制执行。个人及其所扶养家属维持生活必需的住房和用品，不在强制执行措施的范围之内。

（四）税款优先制度

税务机关征收税款，税收优先于无担保债权，法律另有规定的除外；纳税人欠缴的税款发生在纳税人以其财产设定抵押、质押或者纳税人的财产被留置之前的，税收应当先于抵押权、质权、留置权执行；纳税人欠缴税款，同时又被行政机关决定处以罚款、没收违法所得的，税收优先于罚款、没收违法所得。税务机关应当对纳税人欠缴税款的情况定期予以公告。

（五）欠税告知制度

纳税人有欠税情形而以其财产设定抵押、质押的，应当向抵押权人、质权人说明其欠税情况。抵押权人、质权人可以请求税务机关提供有关的欠税情况。纳税人有合并、分立情形的，应当向税务机关报告，并依法缴清税款。纳税人合并时未缴清税款的，应当由合并后的纳税人继续履行未履行的纳税义务；纳税人分立时未缴清税款的，分立后的纳税人对未履行的纳税义务应当承担连带责任。欠缴税款数额较大的纳税人在处分其不动产或者大额资产之前，应当向税务机关报告。

（六）代位权与撤销权制度

欠缴税款的纳税人因怠于行使到期债权，或者放弃到期债权，或者无偿转让财产，或者以明显不合理的低价转让财产而受让人知道该情形，对国家税收造成损害的，税务机关可以行使代位权、撤销权。税务机关依照规定行使代位权、撤销权的，不免除欠缴税款的纳税人尚未履行的纳税义务和应承担的法律责任。

【法条指引】

中华人民共和国税收征收管理法（节录）

第二十八条 税务机关依照法律、行政法规的规定征收税款，不得违反法律、行政法规的规定开征、停征、多征、少征、提前征收、延缓征收或者摊派税款。

农业税应纳税额按照法律、行政法规的规定核定。

第二十九条 除税务机关、税务人员以及经税务机关依照法律、行政法规委托的单位和人员外，任何单位和个人不得进行税款征收活动。

第四十二条 税务机关采取税收保全措施和强制执行措施必须依照法定权限和法定程序，不得查封、扣押纳税人个人及其所扶养家属维持生活必需的住房和用品。

第四十三条 税务机关滥用职权违法采取税收保全措施、强制执行措施，或者采取税收保全措施、强制执行措施不当，使纳税人、扣缴义务人或者纳税担保人的合法权益遭受损失的，应当依法承担赔偿责任。

第四十八条 纳税人有合并、分立情形的，应当向税务机关报告，并依法缴清税款。纳税人合并时未缴清税款的，应当由合并后的纳税人继续履行未履行的纳税义务；纳税人分立时未缴清税款的，分立后的纳税人对未履行的纳税义务应当承担连带责任。

第四十九条 欠缴税款数额较大的纳税人在处分其不动产或者大额资产之前，应当向税务机关报告。

第四节 税务检查

【规则要点】

税务检查制度是税务机关根据国家税法和财务会计制度的规定，对纳税人履行纳税义务的情况进行的监督、审查制度。税务检查是税收征收管理的重要组成部分，有利于税务机关检查纳税人履行纳税义务的情况，帮助纳税人依法纳税以及维护税收秩序。

【理解与适用】

税务检查的具体规定如下：

一、税务检查的内容

税务检查的内容具体包括检查纳税人执行国家税收政策和税收法规的情况，检查纳税人遵守财经纪律和财会制度的情况，检查纳税人的生产经营管理和经济核算情况，以及检查纳税人遵守和执行税收征收管理制度的情况等方面。

二、税务检查的形式

税务检查根据其检查的目的、检查对象的来源以及检查内容的范围不同，可以具体划分为重点检查、专项检查、分类检查、集中检查和临时检查。

重点检查指的是公民举报、上级机关交办或有关部门转来的有偷税行为或偷税嫌疑的，纳税申报与实际生产经营情况有明显不符的纳税人及有普遍逃税行为的行业进行的检查。

专项检查指的是税务机关根据税收工作实际，对某一税种或税收征收管理某一环节进行的检查。

分类检查指的是根据纳税人的历来纳税情况、纳税人的纳税规模以及税务检查间隔时间等综合因素按照事先确定的纳税人分类、计划检查时间以及检查频率而进行的检查。

集中检查指的是在一定时间、一定范围内，统一安排、统一组织的税务检查。

临时检查指的是各级税务机关根据不同的经济形势、偷逃税趋势、税收任务完成情况等综合因素，在正常的检查计划之外安排的检查。

三、税务检查中的权力（或权利）、义务

（一）税务检查中税务机关的权力、义务

1. 税务检查中税务机关的权力

（1）税务机关有权进行下列税务检查：

① 检查纳税人的账簿、记账凭证、报表和有关资料，检查扣缴义务人代扣代缴、代收代缴税款账簿、记账凭证和有关资料；

② 到纳税人的生产、经营场所和货物存放地检查纳税人应纳税的商品、货物或者其他财产，检查扣缴义务人与代扣代缴、代收代缴税款有关的经营情况；

③ 责成纳税人、扣缴义务人提供与纳税或者代扣代缴、代收代缴税款有关的文件、证明材料和有关资料；

④ 询问纳税人、扣缴义务人与纳税或者代扣代缴、代收代缴税款有关的问题和情况；

⑤ 到车站、码头、机场、邮政企业及其分支机构检查纳税人托运、邮寄应纳税商品、货物或者其他财产的有关单据、凭证和有关资料；

⑥ 经县以上税务局（分局）局长批准，凭全国统一格式的检查存款账户许可证明，查询从事生产、经营的纳税人、扣缴义务人在银行或者其他金融机构的存款账户。税务机关在调查税收违法案件时，经设区的市、自治州以上税务局（分局）局长批准，可以查询案件涉嫌人员的储蓄存款。税务机关查询所获得的资料，不得用于税收以外的用途。

（2）税务机关对从事生产、经营的纳税人以前纳税期的纳税情况依法进行税务检查时，发现纳税人有逃避纳税义务行为，并有明显的转移、隐匿其应纳税的商品、货物以及其他财产或者应纳税收入迹象的，可以按照规定的批准权限采取税收保全措施或者强制执行措施。

（3）税务机关依法进行税务检查时，有权向有关单位和个人调查纳税人、扣缴义务人和其他当事人与纳税或者代扣代缴、代收代缴税款有关的情况。税务机关调查税务违法案件时，对与案件有关的情况和资料，可以记录、录音、录像、照相和复制。

2. 税务检查中税务机关的义务

（1）税务机关应当建立科学的检查制度，统筹安排检查工作，严格控

制对纳税人、扣缴义务人的检查次数。税务机关应当制定合理的税务稽查工作规程，负责选案、检查、审理、执行的人员的职责应当明确，并相互分离、相互制约，规范选案程序和检查行为。

（2）税务机关派出的人员进行税务检查时，应当出示税务检查证和税务检查通知书，并有责任为被检查人保守秘密；未出示税务检查证和税务检查通知书的，被检查人有权拒绝检查。

（3）税务机关行使税务检查职权时，可以在纳税人、扣缴义务人的业务场所进行；必要时，经县以上税务局（分局）局长批准，可以将纳税人、扣缴义务人以前会计年度的账簿、记账凭证、报表和其他有关资料调回税务机关检查，但是税务机关必须向纳税人、扣缴义务人开付清单，并在3个月内完整退还；有特殊情况的，经设区的市、自治州以上税务局局长批准，税务机关可以将纳税人、扣缴义务人当年的账簿、记账凭证、报表和其他有关资料调回检查，但是税务机关必须在30日内退还。

（二）税务检查中相对人的权利、义务

税务检查的相对人是指除了税务机关以外的一切单位和个人，具体包括被检查对象和协助查处人。

税务检查中相对人的权利主要为：相对人有权拒绝未出示税务检查证和税务检查通知书的检查；有权拒绝税务机关超出法定范围或者违反法定程序的检查；维护其合法权益的权利。

相对人的义务主要为：纳税人和扣缴义务人必须接受税务机关依法进行的检查，有关单位和个人必须予以配合、支持、协助；向纳税机关如实反映情况；据实提供有关资料和证明材料。

【法条指引】

中华人民共和国税收征收管理法（节录）

第五十五条 税务机关对从事生产、经营的纳税人以前纳税期的纳税情况依法进行税务检查时，发现纳税人有逃避纳税义务行为，并有明显的转移、隐匿其应纳税的商品、货物以及其他财产或者应纳税的收入的迹象的，可以按照本法规定的批准权限采取税收保全措施或者强制执行措施。

第五十六条 纳税人、扣缴义务人必须接受税务机关依法进行的税务检查，如实反映情况，提供有关资料，不得拒绝、隐瞒。

第五十七条 税务机关依法进行税务检查时，有权向有关单位和个人调查纳税人、扣缴义务人和其他当事人与纳税或者代扣代缴、代收代缴税款有关的情况，有关单位和个人有义务向税务机关如实提供有关资料及证明材料。

第五十八条 税务机关调查税务违法案件时，对与案件有关的情况和资料，可以记录、录音、录像、照相和复制。

第五十九条 税务机关派出的人员进行税务检查时，应当出示税务检查证和税务检查通知书，并有责任为被检查人保守秘密；未出示税务检查证和税务检查通知书的，被检查人有权拒绝检查。

第五节 税收法律责任

【规则要点】

税收法律责任指的是国家及其有关部门对征纳双方违反税法等法律制度时所应承担的法律后果，主要分为行政法律责任和刑事法律责任。

【理解与适用】

一、纳税人的法律责任

（一）纳税人的行政法律责任

1. 违反税务管理行为的法律责任，具体如下：

（1）纳税人有下列行为之一的，由税务机关责令限期改正，可以处人民币2000元以下的罚款；情节严重的，处人民币2000元以上1万元以下的罚款：

① 未按照规定的期限申报办理税务登记、变更或者注销登记的；

② 未按照规定设置、保管账簿或者保管记账凭证和有关资料的；

③ 未按照规定将财务、会计制度或者财务、会计处理办法和会计核算软件报送税务机关备查的；

④ 未按照规定将其全部银行账号向税务机关报告的；

⑤ 未按照规定安装、使用税控装置，或者损毁或者擅自改动税控装置的。

（2）纳税人不办理税务登记的，由税务机关责令限期改正；逾期不改正的，经税务机关提请，由工商行政管理机关吊销其营业执照。纳税人未按照规定使用税务登记证件，或者转借、涂改、损毁、买卖、伪造税务登记证件的，处人民币 2000 元以上 1 万元以下的罚款；情节严重的，处人民币 1 万元以上 5 万元以下的罚款。

（3）扣缴义务人未按照规定设置、保管代扣代缴、代收代缴税款账簿或者保管代扣代缴、代收代缴税款记账凭证及有关资料的，由税务机关责令限期改正，可以处人民币 2000 元以下的罚款；情节严重的，处人民币 2000 元以上 5000 元以下的罚款。

（4）纳税人未按照规定的期限办理纳税申报和报送纳税资料的，或者扣缴义务人未按照规定的期限向税务机关报送代扣代缴、代收代缴税款报告表和有关资料的，由税务机关责令限期改正，可以处人民币 2000 元以下的罚款；情节严重的，可以处人民币 2000 元以上 1 万元以下的罚款。

（5）非法印制、转借、倒卖、变造或者伪造完税凭证的，由税务机关责令改正，处人民币 2000 元以上 1 万元以下的罚款；情节严重的，处人民币 1 万元以上 5 万元以下的罚款；构成犯罪的，依法追究刑事责任。

（6）银行和其他金融机构未依照税收征管法的规定在从事生产、经营的纳税人的账户中登录税务登记证件号码，或者未按规定在税务登记证件中登录从事生产、经营的纳税人的账户账号的，由税务机关责令其限期改正，处人民币 2000 元以上 2 万元以下的罚款；情节严重的，处人民币 2 万元以上 5 万元以下的罚款。

2. 欠税行为的法律责任

纳税人欠缴应纳税款，采取转移或者隐匿财产的手段，妨碍税务机关追缴欠缴的税款的，由税务机关追缴欠缴的税款、滞纳金，并处欠缴税款 50% 以上 5 倍以下的罚款；构成犯罪的，依法追究刑事责任。

3. 偷税行为的法律责任

纳税人伪造、变造、隐匿、擅自销毁账簿、记账凭证，或者在账簿上多列支出或者不列、少列收入，或者经税务机关通知申报而拒不申报或者进行虚假的纳税申报，不缴或者少缴应纳税款的，是偷税。对纳税人偷税的，由税务机关追缴其不缴或者少缴的税款、滞纳金，并处不缴或者少缴的税款50%以上5倍以下的罚款；构成犯罪的，依法追究刑事责任。

4. 骗税行为的法律责任

以假报出口或者其他欺骗手段，骗取国家出口退税款的，由税务机关追缴其骗取的退税款，并处骗取税款1倍以上5倍以下的罚款；构成犯罪的，依法追究刑事责任。对骗取国家出口退税款的，税务机关可以在规定期间内停止为其办理出口退税。

5. 抗税行为的法律责任

以暴力、威胁方法拒不缴纳税款的，是抗税，除由税务机关追缴其拒缴的税款、滞纳金外，依法追究刑事责任。情节轻微，未构成犯罪的，由税务机关追缴其拒缴的税款、滞纳金，并处拒缴税款1倍以上5倍以下的罚款。

6. 其他税务违法行为的法律责任

（1）纳税人、扣缴义务人编造虚假计税依据的，由税务机关责令限期改正，并处人民币5万元以下的罚款。纳税人不进行纳税申报，不缴或者少缴应纳税款的，由税务机关追缴其不缴或者少缴的税款、滞纳金，并处不缴或者少缴的税款50%以上5倍以下的罚款。

（2）纳税人、扣缴义务人在规定期限内不缴或者少缴应纳或者应解缴的税款，经税务机关责令限期缴纳，逾期仍未缴纳的，税务机关除依法采取强制执行措施追缴其不缴或者少缴的税款外，可以处不缴或者少缴的税款50%以上5倍以下的罚款。

（3）扣缴义务人应扣未扣、应收而不收税款的，由税务机关向纳税人追缴税款，对扣缴义务人处应扣未扣、应收未收税款50%以上3倍以下的罚款。

（4）纳税人、扣缴义务人逃避、拒绝或者以其他方式阻挠税务机关检查的，由税务机关责令改正，可以处人民币1万元以下的罚款；情节严重的，处人民币1万元以上5万元以下的罚款。

（5）违反税收征收管理法规定，非法印制发票的，由税务机关销毁非法印制的发票，没收违法所得和作案工具，并处人民币1万元以上5万元以下的罚款；构成犯罪的，依法追究刑事责任。

（6）从事生产、经营的纳税人、扣缴义务人有法律规定的税收违法行为，拒不接受税务机关处理的，税务机关可以收缴其发票或者停止向其发售发票。

（7）纳税人、扣缴义务人的开户银行或者其他金融机构拒绝接受税务机关依法检查纳税人、扣缴义务人存款账户，或者拒绝执行税务机关作出的冻结存款或者扣缴税款的决定，或者在接到税务机关的书面通知后帮助纳税人、扣缴义务人转移存款，造成税款流失的，由税务机关处人民币10万元以上50万元以下的罚款，对直接负责的主管人员和其他直接责任人员处人民币1000元以上1万元以下的罚款。

（8）为纳税人、扣缴义务人非法提供银行账户、发票、证明或者其他方便，导致未缴、少缴税款或者骗取国家出口退税款的，税务机关除没收其违法所得外，可以处未缴、少缴或者骗取的税款1倍以下的罚款。

（9）税务机关依照税收征管法到车站、码头、机场、邮政企业及其分支机构检查纳税人有关情况时，有关单位拒绝的，由税务机关责令改正，可以处人民币1万元以下的罚款；情节严重的，处人民币1万元以上5万元以下的罚款。

（10）税务代理人违反税收法律、行政法规，造成纳税人未缴或者少缴税款的，除由纳税人缴纳或者补缴应纳税款、滞纳金外，对税务代理人处纳税人未缴或者少缴税款50%以上3倍以下的罚款。

（二）纳税人的刑事法律责任

1. 直接妨害税款征收的犯罪

具体包括逃税罪，抗税罪，逃避追缴欠税罪以及骗取出口退税罪、偷税罪。

2. 妨碍发票管理的犯罪

具体包括虚开增值税专用发票罪，用于骗取出口退税、抵扣税款发票罪，虚开发票罪，伪造、出售伪造的增值税专用发票罪，非法购买增值税专用发票，购买伪造的增值税专用发票罪，非法出售增值税专用发票罪，非法制造、出售非法制造的用于骗取出口退税、抵扣税款发票罪，非法制造、出售非法制造的发票罪，非法出售用于骗取出口退税、抵扣税款发票罪，非法出售发票罪，持有伪造的发票罪等罪名。

上述刑事犯罪的详细规定参见刑法制度。

二、税务机关、税务人员的法律责任

（一）税务机关、税务人员的行政法律责任

1. 擅自改变税收征收范围的行政法律责任

税务机关违反规定擅自改变税收征收管理范围和税款入库预算级次的，责令限期改正，对直接负责的主管人员和其他直接责任人员依法给予降级或者撤职的行政处分。

2. 不按规定征收税款的行政法律责任

（1）税务机关、税务人员查封、扣押纳税人个人及其所扶养家属维持生活必需的住房和用品的，责令退还，依法给予行政处分；构成犯罪的，依法追究刑事责任。

（2）税务人员与纳税人、扣缴义务人勾结，唆使或者协助纳税人、扣缴义务人违反税收征收管理法第63条、第65条、第66条的有关规定，构成犯罪的，依法追究刑事责任；尚不构成犯罪的，依法给予行政处分。

（3）违反法律、行政法规的规定提前征收、延缓征收或者摊派税款的，由其上级机关或者行政监察机关责令改正，对直接负责的主管人员和其他直接责任人员依法给予行政处分。

（4）违反法律、行政法规的规定，擅自作出税收的开征、停征或者减税、免税、退税、补税以及其他同税收法律、行政法规相抵触的决定的，除依照税收征收管理法规定撤销其擅自作出的决定外，补征应征未征税款，退还不应征收而征收的税款，并由上级机关追究直接负责的主管人员和其他直接责任人员的行政责任；构成犯罪的，依法追究刑事责任。

3. 渎职行为的行政法律责任

（1）税务人员利用职务上的便利，收受或者索取纳税人、扣缴义务人财物或者谋取其他不正当利益，构成犯罪的，依法追究刑事责任；尚不构成犯罪的，依法给予行政处分。

（2）税务人员徇私舞弊或者玩忽职守，不征或者少征应征税款，致使国家税收遭受重大损失，构成犯罪的，依法追究刑事责任；尚不构成犯罪的，依法给予行政处分。

税务人员滥用职权，故意刁难纳税人、扣缴义务人的，调离税收工作

岗位，并依法给予行政处分。税务人员对控告、检举税收违法违纪行为的纳税人、扣缴义务人以及其他检举人进行打击报复的，依法给予行政处分；构成犯罪的，依法追究刑事责任。税务人员违反法律、行政法规的规定，故意高估或者低估农业税计税产量，致使多征或者少征税款，侵犯农民合法权益或者损害国家利益，构成犯罪的，依法追究刑事责任；尚不构成犯罪的，依法给予行政处分。

4. 其他行政法律责任

（1）对于未经税务机关依法委托而征收税款的，责令退还收取的财物，依法给予行政处分或者行政处罚；致使他人合法权益受到损失的，依法承担赔偿责任；构成犯罪的，依法追究刑事责任。

（2）税务人员在征收税款或者查处税收违法案件时，未按照税收征收管理法规定进行回避的，对直接负责的主管人员和其他直接责任人员，依法给予行政处分。

（3）未按照税收征收管理法规定为纳税人、扣缴义务人、检举人保密的，对直接负责的主管人员和其他直接责任人员，由所在单位或者有关单位依法给予行政处分。

（二）税务机关、税务人员的刑事法律责任

税务机关、税务人员的刑事法律责任具体包括受贿罪，徇私舞弊不征、少征税款罪，徇私舞弊发售发票、抵扣税款、出口退税罪，违法提供出口退税证罪等罪名。

【风险提示】

违反税收法律、行政法规应当给予行政处罚的行为，在5年内未被发现的，不再给予行政处罚。

【法条指引】

中华人民共和国税收征收管理法（节录）

第六十一条 扣缴义务人未按照规定设置、保管代扣代缴、代收代缴税款帐簿或者保管代扣代缴、代收代缴税款记帐凭证及有关资料的，由税务机关责令限期改正，可以处二千元以下的罚款；情节严重的，处二千元以上五千元以下的罚款。

第六十二条 纳税人未按照规定的期限办理纳税申报和报送纳税资料的，或者扣缴义务人未按照规定的期限向税务机关报送代扣代缴、代收代缴税款报告表和有关资料的，由税务机关责令限期改正，可以处二千元以下的罚款；情节严重的，可以处二千元以上一万元以下的罚款。

第七十条 纳税人、扣缴义务人逃避、拒绝或者以其他方式阻挠税务机关检查的，由税务机关责令改正，可以处一万元以下的罚款；情节严重的，处一万元以上五万元以下的罚款。

第七十五条 税务机关和司法机关的涉税罚没收入，应当按照税款入库预算级次上缴国库。

第七十六条 税务机关违反规定擅自改变税收征收管理范围和税款入库预算级次的，责令限期改正，对直接负责的主管人员和其他直接责任人员依法给予降级或者撤职的行政处分。

第八十八条第一款 纳税人、扣缴义务人、纳税担保人同税务机关在纳税上发生争议时，必须先依照税务机关的纳税决定缴纳或者解缴税款及滞纳金或者提供相应的担保，然后可以依法申请行政复议；对行政复议决定不服的，可以依法向人民法院起诉。

第八章

税收救济法律制度

第一节　税收救济法律制度概述

【规则要点】

税收救济制度指的是国家为了解决税务争议而制定的制度。

【理解与适用】

税收救济法律制度是国家制定的关于防止和纠正征税主体违法、不当的具体行政行为，保护纳税人以及相关主体的合法权益，保障和监督税务机关依法行使职权的法律制度。税务争议指的是征纳主体以及机关主体之间在税务活动中关于征税纳税、税收行政处罚、税收行政执行措施等方面所产生的争议。本章所介绍的税收救济法律制度主要包括税收行政复议、税务行政诉讼、税务国家赔偿等法律制度。

目前，中国税收救济制度的规定主要为《中华人民共和国税收征收管理法》《中华人民共和国税收征收管理法实施细则》以及其他行政法律、法规。

第二节　税务行政复议

【规则要点】

税务行政复议，是指当事人（纳税人、扣缴义务人、纳税担保人及其他税务当事人）认为税务机关作出的具体行政行为侵犯自己合法权益，依法向上一级税务机关（复议机关）提出复查该税务机关具体行政行为的申请，复议机关经审理对原税务机关的具体行政行为的合法性和适当性进行审查并作出裁决的活动。

【理解与适用】

一、税务行政复议的特点

中国税务行政复议的特点主要为：

（一）前提性

税务行政复议以税务当事人不服税务机关所作出的具体行政行为为前提条件。

（二）不告不理

没有税收当事人提出的行政复议的申请则没有税务行政复议。

（三）前置性

对于因征税问题引起的争议，税务行政复议是税收行政诉讼的必经前置程序；对于因处罚、保全措施、强制执行等引起的争议，税务行政复议是税收行政诉讼的可选择前置程序。

二、中国税务行政复议的法律制度

目前，中国税务行政复议的规定主要为全国人民代表大会常务委员会于2017年9月修正的《中华人民共和国行政复议法》以及国家税务总局于2018年6月15日修正的《税务行政复议规则》。

（一）税务行政复议的受案范围

税务行政复议的受案范围仅限于税务机关作出的税务具体行政行为。税务具体行政行为是指税务机关及其工作人员在税务行政管理活动中行使行政职权，针对特定的公民、法人或者其他组织，就特定的具体事项，作出的有关该公民、法人或者其他组织权利、义务的单方行为。

税务机关作出的税务具体行政行为包括：

（1）税务机关作出的征税行为；

（2）行政许可、行政审批行为；

（3）发票管理行为，包括发售、收缴、代开发票等；

（4）税收保全、强制执行措施；

（5）罚款、没收财物和违法所得、停止出口退税权等行政处罚行为；

（6）不依法履行颁发税务登记，开具、出具完税凭证或者外出经营活动税收管理证明，行政赔偿，行政奖励以及其他不依法履行职责的行为；

（7）资格认定行为；

（8）不依法确认纳税担保行为；

（9）政府信息公开工作中的具体行政行为；

（10）纳税信用等级评定行为；

（11）通知出入境管理机关阻止出境行为；

（12）其他具体行政行为。

（二）税务行政复议的管辖

中国税务行政复议的管辖，原则上由上一级税务机关管辖下一级税务机关。

1. 一般管辖

（1）对各级税务局的具体行政行为不服的，向其上一级税务局申请行政复议。对计划单列市税务局的具体行政行为不服的，向国家税务总局申请行政复议。

（2）对税务所（分局）、各级税务局的稽查局的具体行政行为不服的，向其所属税务局申请行政复议。

（3）对国家税务总局的具体行政行为不服的，向国家税务总局申请行政复议。对行政复议决定不服，申请人可以向人民法院提起行政诉讼，也可以向国务院申请裁决。国务院的裁决为最终裁决。

2. 特殊管辖

（1）对两个以上税务机关以共同的名义作出的具体行政行为不服的，向共同上一级税务机关申请行政复议；对税务机关与其他行政机关以共同的名义作出的具体行政行为不服的，向其共同上一级行政机关申请行政复议。

（2）对被撤销的税务机关在撤销以前所作出的具体行政行为不服的，向继续行使其职权的税务机关的上一级税务机关申请行政复议。

（3）对税务机关作出逾期不缴纳罚款加处罚款的决定不服的，向作出行政处罚决定的税务机关申请行政复议。但是对已处罚款和加处罚款都不服的，一并向作出行政处罚决定的税务机关的上一级税务机关申请行政复议。

（4）申请人向具体行政行为发生地的县级地方人民政府提交行政复议申请的，由接受申请的县级地方人民政府依照行政复议法第 15 条、第 18 条的规定予以转送。

（三）税务行政复议的程序

1. 税务行政复议的申请

税务行政复议的申请人为依法提起行政复议的纳税人以及其他当事人，具体包括纳税人、扣缴义务人、纳税担保人和其他当事人。税务行政复议的被申请人为纳税人以及其他当事人为作出申请行政复议所针对的具体行政行为的税务机关。

申请人可以在知道税务机关作出具体行政行为之日起60 日内提出行政复议申请。因不可抗力或者被申请人设置障碍等原因耽误法定申请期限的，申请期限的计算应当扣除被耽误时间。申请人按照上述规定申请行政复议的，必须依照税务机关根据法律、法规确定的税额、期限，先行缴纳或者解缴税款和滞纳金，或者提供相应的担保，才可以在缴清税款和滞纳金以后或者所提供的担保得到作出具体行政行为的税务机关确认之日起60 日内提出行政复议申请。

申请人向行政复议机关申请行政复议，行政复议机关已经受理的，在法定行政复议期限内申请人不得向人民法院提起行政诉讼；申请人向人民法院提起行政诉讼，人民法院已经依法受理的，不得申请行政复议。

2. 税务行政复议的受理

行政复议申请符合下列规定的，行政复议机关应当受理：

（1）属于税务行政复议规则规定的行政复议范围；

（2）在法定申请期限内提出；

（3）有明确的申请人和符合规定的被申请人；

（4）申请人与具体行政行为有利害关系；

（5）有具体的行政复议请求和理由；

（6）符合税务行政复议规定的条件；

（7）属于收到行政复议申请的行政复议机关的职责范围；

（8）其他行政复议机关尚未受理同一行政复议申请，人民法院尚未受理同一主体就同一事实提起的行政诉讼。

行政复议机关收到行政复议申请以后，应当在5日内审查决定是否受理。对不符合税务行政复议规则规定的行政复议申请，决定不予受理，并书面告知申请人。对不属于本机关受理的行政复议申请，应当告知申请人向有关行政复议机关提出。行政复议机关收到行政复议申请以后未按照上述规定期限审查并作出不予受理决定的，视为受理。

行政复议申请材料不齐全、表述不清楚的，行政复议机关可以自收到该行政复议申请之日起5日内书面通知申请人补正。补正通知应当载明需要补正的事项和合理的补正期限。无正当理由逾期不补正的，视为申请人放弃行政复议申请。补正申请材料所用时间不计入行政复议审理期限。

3. 税务行政复议的决定

行政复议机关应当全面审查被申请人的具体行政行为所依据的事实证据、法律程序、法律依据和设定的权利义务内容的合法性、适当性。行政复议机关审查被申请人的具体行政行为时，认为其依据不合法，本机关有权处理的，应当在30日内依法处理；无权处理的，应当在7日内按照法定程序逐级转送有权处理的国家机关依法处理。处理期间，中止对具体行政行为的审查。

行政复议机关应当自受理申请之日起60日内作出行政复议决定。情况复杂，不能在规定期限内作出行政复议决定的，经行政复议机关负责人批准，可以适当延期，并告知申请人和被申请人；但是延期不得超过30日。行政复议机关作出行政复议决定，应当制作行政复议决定书，并加盖行政复议机关印章。行政复议决定书一经送达，即发生法律效力。

申请人在申请行政复议时可以一并提出行政赔偿请求，行政复议机关对符合国家赔偿法的规定应当赔偿的，在决定撤销、变更具体行政行为或者确认具体行政行为违法时，应当同时决定被申请人依法赔偿。申请人在申请行政复议时没有提出行政赔偿请求的，行政复议机关在依法决定撤销、变更原具体行政行为确定的税款、滞纳金、罚款和对财产的扣押、查封等强制措施时，应当同时责令被申请人退还税款、滞纳金和罚款，解除对财产的扣押、查封等强制措施，或者赔偿相应的价款。

【风险提示】

申请人提出行政复议申请时错列被申请人的，行政复议机关应当告知申请人变更被申请人。申请人不变更被申请人的，行政复议机关不予受理，或者驳回行政复议申请。

【相关案例】

法某某不服苏州市人民政府行政复议诉讼案

2012 年 11 月 15 日，法某某向江苏省苏州地方税务局稽查局检举苏州大学司法鉴定所等 7 家鉴定所多年来违反发票管理而逃税，其中包括本案所涉行政复议申请中的 4 家鉴定所，苏州地税稽查局针对法某某检举涉税事宜进行了查处，并于 2014 年 6 月 4 日作出《领奖通知书》，决定向法某某颁发检举奖金。法某某不服《领奖通知书》，于 2014 年 8 月 22 日向苏州市人民政府申请复议。同时，法某某不服苏州地税稽查局对苏州大学司法鉴定所等 4 家单位税收违法行为的行政处理，也一并向苏州市人民政府提出复议申请。2014 年 8 月 28 日，苏州市人民政府作出《告知函》，对税务所（分局）、各级税务局的稽查局的具体行政行为不服，应向其所属税务局申请行政复议。苏州市人民政府并非法某某行政复议申请的法定复议机关，对其上述复议申请不予受理。法某某不服，提起行政诉讼。

法院认为，苏州地税稽查局是苏州地税局的直属行政机构，并非苏州市人民政府的职能部门。根据《税务行政复议规则》第 2 条和第 19 条的规定，本案中，法某某对苏州地税稽查局作出的查处行为及《领奖通知书》不服，应当向苏州地税局申请行政复议。苏州市人民政府收到法某某的行政复议申请后，作出《告知函》决定不予受理，符合《税务行政复议规则》的相关规定，行政程序亦无不当。

【法条指引】

税务行政复议规则（节录）

第二条 公民、法人和其他组织（以下简称申请人）认为税务机关的具体行政行为侵犯其合法权益，向税务行政复议机关申请行政复议，税务行政复议机关办理行政复议事项，适用本规则。

第四条 行政复议应当遵循合法、公正、公开、及时和便民的原则。

行政复议机关应当树立依法行政观念，强化责任意识和服务意识，认真履行行政复议职责，坚持有错必纠，确保法律正确实施。

第七条 行政复议机关受理行政复议申请，不得向申请人收取任何费用。

第十五条 申请人认为税务机关的具体行政行为所依据的下列规定不合法，对具体行政行为申请行政复议时，可以一并向行政复议机关提出对有关规定的审查申请；申请人对具体行政行为提出行政复议申请时不知道该具体行政行为所依据的规定的，可以在行政复议机关作出行政复议决定以前提出对该规定的审查申请：

（一）国家税务总局和国务院其他部门的规定。

（二）其他各级税务机关的规定。

（三）地方各级人民政府的规定。

（四）地方人民政府工作部门的规定。

前款中的规定不包括规章。

第三十二条 申请人可以在知道税务机关作出具体行政行为之日起60日内提出行政复议申请。

因不可抗力或者被申请人设置障碍等原因耽误法定申请期限的，申请期限的计算应当扣除被耽误时间。

第三十八条 申请人书面申请行政复议的，可以采取当面递交、邮寄或者传真等方式提出行政复议申请。

有条件的行政复议机关可以接受以电子邮件形式提出的行政复议申请。

对以传真、电子邮件形式提出行政复议申请的，行政复议机关应当审核确认申请人的身份、复议事项。

第三节 税务行政诉讼

【规则要点】

税务行政诉讼指的是税务当事人（包括纳税人、扣缴义务人、纳税担保人以及其他税务当事人）认为税务机关的具体行政行为侵犯其合法权益，依法向人民法院提起行政诉讼，由人民法院对具体税务行政行为的合法性进行审查并作出裁决的司法活动。

【理解与适用】

一、税务行政诉讼的特点

中国的税务行政诉讼的特点主要为：

（一）前提性

税务行政诉讼以税务当事人不服税务机关所作出的具体行政行为为前提条件。

（二）由人民法院主持进行

税务行政诉讼是由人民法院进行审理并且作出裁决的一种诉讼活动。

（三）主体的恒定性

税务行政诉讼的被告只能为税务机关或者经法律法规授权的行使税务行政管理权的组织，原告只能是作为税务行政相对人的公民、法人或者其他组织。

（四）内容的限定性

税务行政诉讼的内容仅限于解决税务争议事项。

二、中国税务行政诉讼的法律制度

目前，中国税务行政诉讼的规定主要为全国人民代表大会常务委员会于2017年6月修正的《中华人民共和国行政诉讼法》。

（一）税务行政诉讼的受案范围

税务行政诉讼案件的受案范围具体包括：

1. 税务机关作出的征税行为

这类征税行为必须经过税务行政复议之后才能向法院提起诉讼。

2. 税务机关作出的保障性措施

具体包括税收保全措施、税收强制执行措施和通知出境管理机关阻止出境行为。

3. 税务机关的不予依法办理或者答复的行为

这类行为必须经过税务复议之后才能向法院提起诉讼。

4. 税务机关作出的行政处罚行为

具体包括罚款、没收违法所得、停止出口退税权、收缴发票和暂停供应发票等行为。

5. 其他行为

即税务行政相对人认为税务机关的具体行政行为侵犯了其人身权、财产权的，也可以向法院提起税务行政诉讼。

（二）税务行政诉讼的管辖

行政诉讼管辖是指人民法院受理第一审行政案件的分工和权限。税务行政诉讼的管辖分为级别管辖、地域管辖和裁定管辖。

1. 级别管辖

级别管辖指的是人民法院上下级之间受理行政诉讼的分工和权限。一般而言，基层人民法院管辖第一审行政案件；中级人民法院管辖的第一审行政案件具体包括确认发明专利权的案件、海关处理的案件，对国务院各部门或者省、自治区、直辖市人民政府所作的具体行政行为提起诉讼的案件；本辖区内重大、复杂的案件。高级人民法院管辖本辖区内重大、复杂的第一审行政案件；最高人民法院管辖全国范围内重大、复杂的第一审行政案件。

2. 地域管辖

地域管辖是指同级人民法院之间受理第一审行政案件的分工和权限，具体包括一般地域管辖、特殊地域管辖和共同地域管辖。

一般地域管辖是指按照最初作出具体行政行为的机关所在地来确定法院的管辖。凡是未经复议直接向人民法院提起诉讼的，或者经过复议，复议裁决维持原具体行政行为，当事人不服向人民法院提起诉讼的，均由最初作出具体行政行为的税务机关所在地人民法院管辖。

特殊地域管辖是指根据特殊行政法律关系或特殊行政法律关系所指的对象来确定法院的管辖。经过税务行政复议的案件，复议机关改变原具体行政机关的，可以由复议机关所在地的人民法院管辖。在税务行政诉讼案件中，未结清税款，又不提供担保的原告对税务机关通知出境管理机关阻止其出境的行政强制措施不服而提起的起诉，由作出上述行为的税务机关所在地或者原告所在地的人民法院管辖。因不动产而提起的税务行政诉讼，由不动产所在地人民法院管辖。

共同地域管辖，具体包括选择管辖和顺序管辖。选择管辖，是指在两个以上的人民法院都有管辖权的税务行政诉讼案件中，可由原告的选择确定法院的管辖。顺序管辖，是指在原告向两个以上有管辖权的人民法院提起诉讼的，由最先收到起诉状的人民法院管辖。

3. 裁定管辖

裁定管辖是指人民法院依法自行裁定的管辖，具体包括移送管辖、指定管辖及管辖权的转移。

移送管辖，是指人民法院发现受理的税务行政案件不属于自己管辖时，将已经受理的案件移送给有管辖权的人民法院审理。

指定管辖，是指有税务行政诉讼管辖权的人民法院，由于特殊原因不能行使管辖权的，由其上级人民法院指定管辖。人民法院对管辖权发生争议，由争议双方协商解决；协商不成，报其共同上级人民法院指定管辖。

管辖权的转移，是指上级人民法院有权审理下级人民法院管辖的第一审税务行政案件，也可以将自己管辖的第一审行政案件移交下级人民法院审判；下级人民法院对其管辖的第一审税务行政案件，认为需要由上级人民法院审判的，可以报请上级人民法院决定。

（三）税务行政诉讼的程序

税务行政诉讼程序适用行政诉讼的一般程序，主要包括起诉、受理、审理、判决和执行。

1. 税务行政诉讼的起诉

税务行政诉讼的起诉，是指纳税人、扣缴义务人、纳税担保人等当事人以及其他行政相对人认为税务机关的具体行政行为侵犯了其合法权益，依法向人民法院提起税务行政诉讼请求的行为。

2. 税务行政诉讼的受理

税务行政诉讼的受理，是指在原告起诉后，经人民法院审查认为符合起诉条件并立案审理的行为。人民法院接到诉状后，经过审查，应当在7日内立案或者作出裁定不予受理，通知原告。原告对不予受理的裁定不服的，可以向上一级人民法院提起上诉。

3. 税务行政诉讼的审理

税务行政诉讼的审理，是指人民法院审理行政案件实行合议、回避、公开审判和两审终审的审判制度。审理的核心是审查被诉具体行政行为是否合法，即作出该行为的税务机关是否依法享有该税务行政管理权；该行为是否依据一定的事实和法律作出；税务机关作出该行为是否遵照必备的程序等。人民法院应当自立案之日起3个月内作出判决。有特殊情况需要延长的，由高级人民法院批准；高级人民法院审理一审案件需要延长的，由最高人民法院批准。

4. 税务行政诉讼的判决

税务行政诉讼的判决，是指人民法院对受理的税务行政案件，经过调查、收集证据、开庭审理之后作出的判决，具体包括：

（1）维持判决。适用于具体行政行为证据确凿，适用法律、法规正确，符合法定程序的案件。

（2）撤销判决。被诉的具体行政行为主要证据不足，适用法律、法规错误，违反法定程序，或者超越职权、滥用职权，人民法院应判决撤销或部分撤销，同时可判决税务机关重新作出具体行政行为。

（3）履行判决。税务机关不履行或拖延履行法定职责的，判决其在一定期限内履行。

（4）变更判决。税务行政处罚显失公正的，可以判决变更。

5. 税务行政诉讼的执行

税务行政诉讼的执行，指的是税务当事人必须履行人民法院发生法律效力的判决、裁定。一方当事人拒绝履行判决、裁定的，另一方当事人可以向第一审人民法院申请强制执行，或者依法强制执行。

【风险提示】

税务行政诉讼的起诉必须满足以下条件：

1. 原告是认为具体税务行为侵犯其合法权益的公民、法人或者其他组织；

2. 有明确的被告；

3. 有具体的诉讼请求和事实、法律根据；

4. 属于人民法院的受案范围和受诉人民法院管辖。

【相关案例】

临海市某塑料薄膜厂与临海市国家税务局、台州市国家税务局行政复议不服案

被告临海市国家税务局因检查中发现原告临海市某塑料薄膜厂涉嫌偷税，于2014年3月3日予以立案查处。经调查后发现原告于2012年9月至2014年1月期间销售雨衣或包装袋给陈某某、义乌市某公司、临海市某有限公司，涉案货款共计人民币1085249元，该款项原告均未入账、未申报纳税。2016年11月24日，被告对原告涉嫌偷税、虚开增值税发票一案举行了听证，并于2016年12月7日作出税务处理决定书。原告不服，向被告台州市国家税务局提出复议申请。被告于2017年1月9日收到复议申请并受理，作出维持税务处理决定书。后来，原告向被告提起行政诉讼。

法院认为，根据税收征收管理法第14条和税收征收管理法实施细则第9条的规定，税收征管法第14条所称按照国务院规定设立的并向社会公告的税务机构，是指省以下税务局的稽查局。稽查局专司偷税、逃避追缴欠税、骗税、抗税案件的查处。根据上述规定，临海市国家税务局稽查局系法定税务机关，具有查处偷税、逃避追缴欠税、骗税、抗税案件的法定职权。本案被诉原行政行为系临海市国家税务局稽查局以自己名义作出，并非以临海市国家税务局名义作出。根据《中华人民共和国行政诉讼法》第26条第2款规定，本案被诉原行政行为的适格被告应当是临海市国家税务局稽查局。

【法条指引】

中华人民共和国行政诉讼法（节录）

第四十四条 对属于人民法院受案范围的行政案件，公民、法人或者其他组织可以先向行政机关申请复议，对复议决定不服的，再向人民法院提起诉讼；也可以直接向人民法院提起诉讼。

法律、法规规定应当先向行政机关申请复议，对复议决定不服再向人民法院提起诉讼的，依照法律、法规的规定。

第六十七条　人民法院应当在立案之日起五日内，将起诉状副本发送被告。被告应当在收到起诉状副本之日起十五日内向人民法院提交作出行政行为的证据和所依据的规范性文件，并提出答辩状。人民法院应当在收到答辩状之日起五日内，将答辩状副本发送原告。

被告不提出答辩状的，不影响人民法院审理。

第八十条　人民法院对公开审理和不公开审理的案件，一律公开宣告判决。

当庭宣判的，应当在十日内发送判决书；定期宣判的，宣判后立即发给判决书。

宣告判决时，必须告知当事人上诉权利、上诉期限和上诉的人民法院。

第八十一条　人民法院应当在立案之日起六个月内作出第一审判决。有特殊情况需要延长的，由高级人民法院批准，高级人民法院审理第一审案件需要延长的，由最高人民法院批准。

第九十七条　公民、法人或者其他组织对行政行为在法定期间不提起诉讼又不履行的，行政机关可以申请人民法院强制执行，或者依法强制执行。

税务行政复议规则（节录）

第六条　申请人对行政复议决定不服的，可以依法向人民法院提起行政诉讼。

第十八条　对国家税务总局的具体行政行为不服的，向国家税务总局申请行政复议。对行政复议决定不服，申请人可以向人民法院提起行政诉讼，也可以向国务院申请裁决。国务院的裁决为最终裁决。

第三十三条第一款　申请人对本规则第十四条第（一）项规定的行为不服的，应当先向行政复议机关申请行政复议；对行政复议决定不服的，可以向人民法院提起行政诉讼。

第三十四条第一款　申请人对本规则第十四条第（一）项规定以外的其他具体行政行为不服，可以申请行政复议，也可以直接向人民法院提起行政诉讼。

第四十三条　申请人向行政复议机关申请行政复议，行政复议机关已经受理的，在法定行政复议期限内申请人不得向人民法院提起行政诉讼；申请人向人民法院提起行政诉讼，人民法院已经依法受理的，不得申请行政复议。

第五十条 对应当先向行政复议机关申请行政复议，对行政复议决定不服再向人民法院提起行政诉讼的具体行政行为，行政复议机关决定不予受理或者受理以后超过行政复议期限不作答复的，申请人可以自收到不予受理决定书之日起或者行政复议期满之日起15日内，依法向人民法院提起行政诉讼。

依照本规则第八十三条规定延长行政复议期限的，以延长以后的时间为行政复议期满时间。

第四节 税务国家赔偿

【规则要点】

税务国家赔偿指的是在税务活动中，国家机关及其工作人员违法行使行政、侦查等职权，侵犯公民、法人和其他组织的合法权益并造成损害的，由法律规定的赔偿义务机关对受害人予以赔偿的法律制度。

目前，中国税务国家赔偿的规定主要为全国人民代表大会常务委员会于2012年10月修正的《中华人民共和国国家赔偿法》。

一、税务国家赔偿的范围

税务机关及其工作人员在行使行政职权时有下列侵犯人身权情形之一的，受害人有取得赔偿的权利：

（1）违法拘留或者违法采取限制公民人身自由的行政强制措施的；

（2）非法拘禁或者以其他方法非法剥夺公民人身自由的；

（3）以殴打、虐待等行为或者唆使、放纵他人以殴打、虐待等行为造成公民身体伤害或者死亡的；

（4）违法使用武器、警械造成公民身体伤害或者死亡的；

（5）造成公民身体伤害或者死亡的其他违法行为。

行政机关及其工作人员在行使行政职权时有下列侵犯财产权情形之一的，受害人有取得赔偿的权利：

（1）违法实施罚款、吊销许可证和执照、责令停产停业、没收财物等行政处罚的；

（2）违法对财产采取查封、扣押、冻结等行政强制措施的；

（3）违法征收、征用财产的；

（4）造成财产损害的其他违法行为。

二、税务国家赔偿的主体

受害的公民、法人和其他组织有权要求赔偿。受害的公民死亡，其继承人和其他有扶养关系的亲属有权要求赔偿。受害的法人或者其他组织终止的，其权利承受人有权要求赔偿。

行政机关及其工作人员行使行政职权侵犯公民、法人和其他组织的合法权益造成损害的，该行政机关为赔偿义务机关。两个以上行政机关共同行使行政职权时侵犯公民、法人和其他组织的合法权益造成损害的，共同行使行政职权的行政机关为共同赔偿义务机关。法律、法规授权的组织在行使授予的行政权力时，侵犯公民、法人和其他组织的合法权益造成损害的，被授权的组织为赔偿义务机关。受行政机关委托的组织或者个人在行使受委托的行政权力时侵犯公民、法人和其他组织的合法权益造成损害的，委托的行政机关为赔偿义务机关。

赔偿义务机关被撤销的，继续行使其职权的行政机关为赔偿义务机关；没有继续行使其职权的行政机关的，撤销该赔偿义务机关的行政机关为赔偿义务机关。经复议机关复议的，最初造成侵权行为的行政机关为赔偿义务机关，但复议机关的复议决定加重损害的，复议机关对加重的部分履行赔偿义务。

三、税务国家赔偿的程序

赔偿请求人要求赔偿，应当先向赔偿义务机关提出，也可以在申请行政复议或者提起行政诉讼时一并提出。赔偿请求人可以向共同赔偿义务机关中的任何一个赔偿义务机关要求赔偿，该赔偿义务机关应当先予赔偿。赔偿请求人根据受到的不同损害，可以同时提出数项赔偿要求。

税务赔偿请求人要求赔偿时应当递交申请书，申请书应当载明下列事项：

（1）受害人的姓名、性别、年龄、工作单位和住所，法人或者其他组织的名称、住所和法定代表人或者主要负责人的姓名、职务；

（2）具体的要求、事实根据和理由；

（3）申请的年、月、日。

赔偿请求人书写申请书确有困难的，可以委托他人代书；也可以口头申请，由赔偿义务机关记入笔录。

赔偿请求人不是受害人本人的，应当说明与受害人的关系，并提供相应证明。赔偿请求人当面递交申请书的，赔偿义务机关应当场出具加盖本行政机关专用印章并注明收讫日期的书面凭证。申请材料不齐全的，赔偿义务机关应当当场或者在 5 日内一次性告知赔偿请求人需要补正的全部内容。

赔偿义务机关应当自收到申请之日起 2 个月内，作出是否赔偿的决定。赔偿义务机关作出赔偿决定，应当充分听取赔偿请求人的意见，并可以与赔偿请求人就赔偿方式、赔偿项目和赔偿数额依照国家赔偿法的规定进行协商。赔偿义务机关决定赔偿的，应当制作赔偿决定书，并自作出决定之日起 10 日内送达赔偿请求人。赔偿义务机关在规定期限内未作出是否赔偿的决定，赔偿请求人可以自期限届满之日起 3 个月内，向人民法院提起诉讼。赔偿请求人对赔偿的方式、项目、数额有异议的，或者赔偿义务机关作出不予赔偿决定的，赔偿请求人可以自赔偿义务机关作出赔偿或者不予赔偿决定之日起 3 个月内，向人民法院提起诉讼。

四、税务国家赔偿的赔偿方式和计算标准

国家赔偿以支付赔偿金为主要方式。能够返还财产或者恢复原状的，予以返还财产或者恢复原状。

侵犯公民人身自由的，每日赔偿金按照国家上年度职工日平均工资计算。

侵犯公民生命健康权的，赔偿金按照下列规定计算：

（1）造成身体伤害的，应当支付医疗费、护理费，以及赔偿因误工减少的收入。减少的收入每日的赔偿金按照国家上年度职工日平均工资计

算，最高额为国家上年度职工年平均工资的5倍。

（2）造成部分或者全部丧失劳动能力的，应当支付医疗费、护理费、残疾生活辅助具费、康复费等因残疾而增加的必要支出和继续治疗所必需的费用，以及残疾赔偿金。残疾赔偿金根据丧失劳动能力的程度，按照国家规定的伤残等级确定，最高不超过国家上年度职工年平均工资的20倍。造成全部丧失劳动能力的，对其扶养的无劳动能力的人，还应当支付生活费。

（3）造成死亡的，应当支付死亡赔偿金、丧葬费，总额为国家上年度职工年平均工资的20倍。对死者生前扶养的无劳动能力的人，还应当支付生活费。

（4）致人精神损害的，应当在侵权行为影响的范围内，为受害人消除影响，恢复名誉，赔礼道歉；造成严重后果的，应当支付相应的精神损害抚慰金。

侵犯公民、法人和其他组织的财产权造成损害的，按照下列规定处理：

（1）处罚款、罚金、追缴、没收财产或者违法征收、征用财产的，返还财产。

（2）查封、扣押、冻结财产的，解除对财产的查封、扣押、冻结，造成财产损坏或者灭失的，依照国家赔偿法的规定赔偿。

（3）应当返还的财产损坏的，能够恢复原状的恢复原状，不能恢复原状的，按照损害程度给付相应的赔偿金。

（4）应当返还的财产灭失的，给付相应的赔偿金。

（5）财产已经拍卖或者变卖的，给付拍卖或者变卖所得的价款；变卖的价款明显低于财产价值的，应当支付相应的赔偿金。

（6）吊销许可证和执照、责令停产停业的，赔偿停产停业期间必要的经常性费用开支。

（7）返还执行的罚款或者罚金、追缴或者没收的金钱，解除冻结的存款或者汇款的，应当支付银行同期存款利息。

（8）对财产权造成其他损害的，按照直接损失给予赔偿。

赔偿请求人凭生效的判决书、复议决定书、赔偿决定书或者调解书，向赔偿义务机关申请支付赔偿金。赔偿义务机关应当自收到支付赔偿金申请之日起 7 日内，依照预算管理权限向有关的财政部门提出支付申请。财政部门应当自收到支付申请之日起 15 日内支付赔偿金。

【法条指引】

中华人民共和国国家赔偿法（节录）

第十四条 赔偿义务机关在规定期限内未作出是否赔偿的决定，赔偿请求人可以自期限届满之日起三个月内，向人民法院提起诉讼。

赔偿请求人对赔偿的方式、项目、数额有异议的，或者赔偿义务机关作出不予赔偿决定的，赔偿请求人可以自赔偿义务机关作出赔偿或者不予赔偿决定之日起三个月内，向人民法院提起诉讼。

第十五条 人民法院审理行政赔偿案件，赔偿请求人和赔偿义务机关对自己提出的主张，应当提供证据。

赔偿义务机关采取行政拘留或者限制人身自由的强制措施期间，被限制人身自由的人死亡或者丧失行为能力的，赔偿义务机关的行为与被限制人身自由的人的死亡或者丧失行为能力是否存在因果关系，赔偿义务机关应当提供证据。

第十六条 赔偿义务机关赔偿损失后，应当责令有故意或者重大过失的工作人员或者受委托的组织或者个人承担部分或者全部赔偿费用。

对有故意或者重大过失的责任人员，有关机关应当依法给予处分；构成犯罪的，应当依法追究刑事责任。

第三十二条 国家赔偿以支付赔偿金为主要方式。

能够返还财产或者恢复原状的，予以返还财产或者恢复原状。

第三十三条 侵犯公民人身自由的，每日赔偿金按照国家上年度职工日平均工资计算。